LES GRANDS SIÈCLES

ET

LES GRANDS HOMMES

Paris. — E. DE SOYE et FILS, Imprimeurs, place du Panthéon, 8.

MARIN DE BOYLESVE, S. J.

LES GRANDS SIÈCLES

ET LES

GRANDS HOMMES

Regi sæculorum immortali.

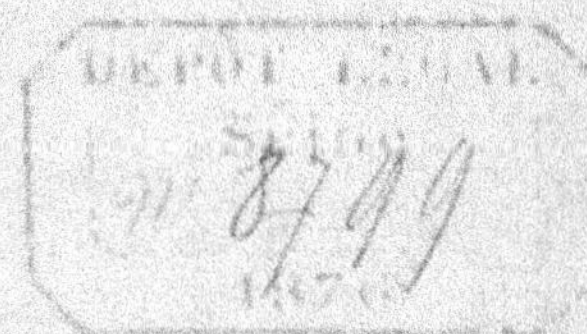

PARIS

LIBRAIRIE JACQUES LECOFFRE

LECOFFRE FILS ET CIE, SUCCESSEURS

PARIS	LYON
90, RUE BONAPARTE	RUE BELLECOUR, 2

1876

LES GRANDS SIÈCLES

ET

LES GRANDS HOMMES

I

Le premier homme, dans les deux sens du mot, par l'origine comme par la supériorité intellectuelle et morale, ce fut Adam. Père et chef de l'humanité, il sortit des mains du créateur doué d'une intelligence et d'une volonté qui répondaient à la hauteur et à l'étendue de sa mission. Même abstraction faite de la grâce et de la justice originelle qu'il devait nous transmettre, il avait reçu la nature humaine dans les conditions de la perfection la plus entière, et Dieu l'avait rempli d'une sagesse proportionnée aux charges de la suprême paternité.

L'homme serait donc en décadence? Oui, il y eut décadence, et c'est Adam lui-même qui en ouvre l'ère funeste. Mais les abîmes font ressortir les montagnes.

Quel abîme plus profond que celui que creusa la chute originelle ! De quelle hauteur Adam n'est-il pas tombé ? Mais à quelle hauteur ne fut-il pas élevé par la promesse d'un Sauveur ! Nous sommes justement fiers de notre siècle parce qu'il a proclamé la Conception Immaculée de Marie ; le siècle du premier homme peut nous disputer la palme ? C'est alors que, pour la première fois, il fut dit qu'une femme écraserait la tête du serpent : *Et ipsa conteret caput tuum.*

Caïn et Abel rappellent le premier assassinat, la première mort et la première ville bâtie : voilà de grands faits. On exalte aujourd'hui l'industrie et les beaux-arts. L'honneur revient toujours à l'inventeur. Tubalcaïn, qui le premier s'avisa de manier les métaux ; Jubal, qui le premier fabriqua les instruments de musique ; Jabel, qui créa l'art pastoral et qui le premier imagina les tentes pour se loger ; Enos enfin qui le premier rendit à Dieu un culte solennel : les premiers auteurs de la civilisation appartiennent à cette longue période.

Parmi les derniers hommes de cette époque on vit des géants, des hommes puissants et fameux. Aujourd'hui on ne peut pas en nommer un seul. Le déluge a effacé jusqu'à leur nom. Dieu l'avait dit : *Delebo hominem.*

Peut-être en sera-t-il de même de certains hommes du siècle présent qui se croient, eux aussi, puissants et fameux et qui passent pour tels. Quand le flot du déluge révolutionnaire aura couvert ces montagnes, on ne parlera plus que de l'arche et de Noé, c'est-à-dire de l'Église et de Pie IX. Mais le déluge à lui seul vaut la révolution, même de 89 ! et l'arche de Noé mérite une mention.

Laissons, si vous le voulez, Babel et sa tour. Et cependant là est le berceau des nations et des langues ; là s'éleva le monument de l'orgueil humain et de sa confusion. Mais Babel, par la confusion des langues, est une trop fidèle image de la confusion des idées, essayons d'en sortir, et avançons.

Babel rappelle Babylone, celle-ci rappelle Ninive, sa rivale et sa voisine. Nemrod, le premier roi, Assur, fondateur de Ninive, la grande Sémiramis doivent du moins être nommés. Quels événements ne rappellent-ils pas ! La fondation des premiers empires et leur chute, la captivité du peuple de Dieu... Mais j'anticipe. Écoutez d'abord un mourant de ces époques oubliées :

« Avant moi nul guerrier du pays où je règne « n'avait vu de mer, j'en ai vu quatre. J'ai contraint « les fleuves de couler où je voulais, et je ne l'ai « voulu qu'aux lieux où ils pouvaient être utiles. J'ai « fécondé des terres stériles, j'ai élevé des forteresses « inexpugnables ; j'ai percé avec le fer, à travers « d'impraticables rochers, de larges chemins ; mes « chariots ont couru là où les bêtes féroces ne pou- « vaient marcher. Au milieu de tous ces travaux, « j'ai trouvé du temps pour mes plaisirs et mes « amis. »

Qui parle ainsi ? Quelque souverain du dix-neuvième siècle apparemment ? Eh bien ! non : vous n'en êtes encore qu'à Sémiramis.

Passons sur l'Inde avec ses épopées, sur l'Égypte

avec ses pyramides, son lac Mœris, son labyrinthe, sa Thèbes aux cent portes, sa législation, son immortel Sésostris.

Or pendant que Sésostris s'élance de l'Egypte jusqu'à l'Inde et peut-être jusqu'en Chine, Moïse, le grand Moïse, sorti, lui aussi, de l'Egypte, après avoir délivré la famille des Abraham, des Isaac et des Jacob par des merveilles qui suffisent pour éterniser une époque, Moïse recevait la loi du Sinaï et formait dans le désert le peuple d'où devait sortir le Sauveur universel. Puis, pour donner à Israël la Terre promise, Josué arrêtait le Jourdain et le soleil. Quelle période, surtout si l'on se rappelle qu'au même temps les civilisateurs de la Grèce commencent leur œuvre! C'était l'époque des Cécrops et des Cadmus.

Cependant presque partout l'homme a oublié Dieu, et il s'est oublié lui-même. Il a oublié sa grandeur et sa bassesse. Sa bassesse : les forts et les puissants se prennent pour des demi-dieux, ils s'adorent et se font adorer. Sa grandeur : les faibles se croient nés pour servir, et des millions d'esclaves se laissent traiter à peu près comme des bêtes de somme. Dans les pays les plus civilisés le grand nombre rampe aux pieds d'un tyran, qui se dit le roi, ou d'une poignée de tyrans, qui se disent les meilleurs, les aristocrates, et si dans une ou deux cités, comme à Athènes ou à Rome, le peuple commande et gouverne en principe, c'est pour être, de fait, le jouet ou l'instrument des caprices ou de l'orgueil d'un homme habile et hardi qui peut bien parfois s'appeler Miltiade, Cimon ou Périclès, Cincinnatus, Camille ou Scipion, mais qui le plus souvent se nomme Pisistrate ou Alcibiade, Clodius ou Catilina, et qui finalement deviendra Néron. La famille humaine s'est partagée en deux classes, celle des forts et des tyrans, celle des faibles et des esclaves. Tel sera l'aspect du monde jusqu'à ce que vienne le Roi qui doit délivrer l'homme de toutes les servitudes. En attendant, le brigandage et l'homicide se promènent sur la face du globe. La fable est un tissu de crimes; l'histoire est pire que la fable.

Quoi qu'il en soit, au sein de ce chaos de toutes les erreurs et de tous les forfaits, le règne du Sauveur universel se prépare. La fable a son Hercule et son Thésée qui se déclarent contre le crime et contre la force pour l'innocence et pour la faiblesse. Les monstres de l'humanité, comme ceux des forêts, tombent sous les coups de leur puissante massue. Les peuples célèbrent leur nom et gardent leur mémoire. Par eux commence la civilisation de cette petite contrée dont le rôle sera si grand dans le monde.

L'héroïsme, inspiré lui-même par le génie, l'inspire à son tour. Le héros appelle le poëte. Achille enfante Homère. Avec toutes ses passions cet Achille est grand, non parce qu'il est le plus fort, le plus rapide, le plus brave sur le champ de bataille; mais parce qu'il est généreux, que l'injustice l'indigne et que, pour défendre le droit, il méprise l'orgueil — même d'un Agamemnon. Toutefois la plus juste colère doit avoir un terme. Achille sous sa tente est un malheur public et national. Homère a compris que, si l'on pouvait concilier Achille et Agamemnon, l'invincible élan de la valeur avec la majestueuse unité du commandement, trois coups de lance suffiraient pour abattre le despotisme oriental. Le poëte jette son idée dans l'Iliade, épopée sublime qui comprend toute l'histoire future de la Grèce. Lycurgue et Solon y puiseront leur législation si diverse, les poëtes y emprunteront le sujet de leurs drames, Platon y blâmera les faiblesses des dieux et des héros, mais il y trouvera l'idéal du gouvernement et des lois.

Ailleurs, considérant Jésus-Christ d'après l'Ancien-Testament, nous avons montré les grandeurs du peuple de Dieu ; or, tandis que ce peuple choisi arrive le premier à son apogée, tandis que dans l'ombre, la Perse, la Grèce et Rome se forment et se préparent, la lutte se poursuit entre les deux plus anciennes villes du monde. Voilà près de mille ans que ces deux fières cités se disputent la domination des régions qu'arrosent le Tigre et l'Euphrate. Celle qui finira par triompher dominera l'Orient.

Ninive d'abord a vaincu sa rivale : Ninus et Sémiramis fondent le premier empire assyrien qui, après cinq siècles de durée, s'écroule avec Sardanapale dans les abominations de la débauche. Babylone alors reprend son indépendance et se sépare de Ninive, et si celle-ci par ses rois parvient à dominer de nouveau, ce sera pour sa propre perte. Car le siége de l'empire assyrien sera transporté à Babylone, et dès lors Ninive s'efface, elle disparaît de l'histoire, et n'étonne plus que par la magnificence et l'étendue de ses ruines. Babylone règne sur le monde civilisé. Nabuchodonosor le Grand l'élève au comble de la gloire. Mais après son faible successeur vient l'infâme Balthazar.

Avec lui le second empire d'Assyrie périt dans une orgie sacrilége.

Les grands hommes sont rares dans ces monarchies si imposantes par la majesté, par l'étendue et par la durée. On ne peut guère citer que Ninus, une femme Sémiramis, et Nabuchodonosor le Grand. C'est que dans ces puissants empires la royauté n'a pas de contre poids. La grandeur se change donc presque aussitôt en orgueil, et l'orgueil change Nabuchodonosor en bête.

Leçon solennelle qui enseigne aux petits comme aux grands, aux particuliers aussi bien qu'aux rois, que l'orgueil, qui semble presque une passion de l'esprit s'il pouvait y avoir des passions spirituelles, que l'orgueil, dis-je, ne sert qu'à engendrer la passion la plus animale. Peu après le grand, mais superbe Nabuchodonosor, vient le superbe et infâme Balthazar.

Les rudes et vigoureux vainqueurs de la voluptueuse Babylone succombent à leur tour, vaincus par l'opulence et les délices de cette reine de l'Orient, dont ils ont eu l'imprudence de faire leur capitale. L'empire des Perses n'offrant, comme les précédents, aucun contrepoids à la puissance des rois, ne produira que deux grands hommes, Cyrus, formé par la main même de Dieu, l'un des personnages les plus complets du monde antique, et Darius le Mède qui, reculant les limites de Cyrus, portera l'empire des Perses et des Mèdes à son plus haut degré. Aussi, comme la décadence suit presque toujours immédiatement l'apogée, à Darius même commencera l'abaissement de la grande monarchie. L'orgueil insensé de Xerxès ne fera que précipiter la chute.

II

D'ailleurs voici les Grecs en scène. Il y a plus de treize cents ans (depuis Inachus, 1856 ans avant J.-C.) qu'ils se forment par des luttes incessantes. L'immense empire de l'Orient vient heurter ces petits peuples. Ils vont entrer dans l'histoire, et, en moins de cinq siècles, ils feront dans le monde, plus de bruit, et aussi plus d'effet que les colossales puissances de l'Orient durant un triple espace de temps.

Depuis le poëte jusqu'au grand homme, entre Homère et Alexandre, puis entre Marathon et Arbelles, que d'hommes, que de combats se succèderont! Ranimé par le génie de Cyrus, le puissant empire de Babel, après avoir enveloppé l'Asie, déborde sur l'Europe. La Grèce la première est inondée. Xerxès arrive aux Thermopyles. On ne compte pas ses guerriers. Il est plus aisé de compter les trois cents soldats rangés autour de Léonidas. Aussi Xerxès se borne-t-il à les sommer de livrer leurs armes. Viens les prendre, répond simplement le chef des trois cents Spartiates. C'était le grain de sable qui disait au flot de l'Océan : Tu n'iras pas plus loin. Au même temps, à la voix de Thémistocle, Athènes se transférait sur ses vaisseaux. Léonidas et ses trois cents braves sont tombés aux Thermopyles; Athènes et Sparte, c'est-à-dire, tout ce qu'il y a de libre aux avant-postes de l'Europe, s'est enfermé dans un bras de mer. Encore un peu c'en est fait, et le despotisme oriental plane sur le monde. Mais si Léonidas est tombé, c'est que plutôt que de reculer d'un pas, il a préféré périr écrasé par le nombre ; et si Thémistocle s'est enfermé dans le détroit de Salamine, c'est pour se mettre dans l'impossibilité de reculer et dans la nécessité de vaincre ou de périr. Miltiade à Marathon avait montré ce que valaient le génie et le courage contre le nombre. Sous la conduite du premier héros historique de la Grèce, dix mille Athéniens avaient culbuté trois cent mille guerriers de l'Orient. Cimon, fils de Miltiade, se souviendra de son père, et transportant la lutte dans l'empire même des Perses, il assurera de ce côté la liberté de la Grèce.

Deux cités, qui n'égaleraient pas un faubourg d'une de nos grandes villes, ont brisé l'effort suprême de la plus formidable puissance qui fut alors au monde. Par leur dévouement pour la liberté de la Grèce, Athènes et Sparte ont mérité l'honneur de marcher à la tête des peuples de la péninsule. Athènes est l'intelligence de la personne hellénique, Sparte en est la volonté. Athènes dominera par le génie, Sparte par le caractère. Périclès, souverain par la parole dont il use à son gré pour manier les esprits comme il lui plaît, ne gouvernera les Athéniens que pour leur assurer la royauté dans tous les genres. Agésilas, roi de Sparte, étonnera moins par les victoires qu'il remporte en Asie sur le grand roi, que par sa prompte obéissance à l'ordre des magistrats de son pays. De ces deux peuples dominateurs de la Grèce, le plus intelligent est en même temps le plus libre, le plus fort est aussi le plus obéissant. Ces deux peuples n'ont pu s'unir contre l'ennemi commun; — image de la lutte intime qui divise en chacun de nous l'intelligence et la volonté : Je vois le mieux et je veux le pire : *Video meliora proboque, deteriora sequor.* Et voici qu'un troisième intervient. La cité la plus grossière produit le plus sage, le plus juste, et le plus grand des Grecs, Épaminondas, et, par lui, l'orgueil hautain et despotique de Sparte est réduit. Mais Thèbes ne peut supporter sa propre gloire, et avec Épaminondas, elle meurt au sein de son triomphe.

Un jeune prince presque captif, Philippe de Macédoine, avait reçu d'Epaminondas la leçon et l'exemple qui font les hommes sages et justes. Le jeune homme n'accepta ou du moins ne conserva que la sagesse, et encore cette partie de la sagesse qui assure le succès dans la politique et dans la guerre. Philippe jeta un regard sur la Grèce affaiblie par les divisions qui avaient armé l'une contre l'autre Athènes et Sparte. Il voulut devenir le maître. Un seul homme se leva pour résister. Cet homme n'avait à opposer que la parole. Et il put dire sans être démenti que, autant qu'il avait dépendu de lui, il avait triomphé de Philippe : Κεκρατηκα Φιλιππου. Mais la parole n'est toute puissante qu'à la condition d'être en même temps l'action : *Dixit et facta sunt. Verbum quod factum est.* Démosthène parlait, Philippe ne parlait pas, il agissait. Démosthène fut le prince de l'éloquence, Philippe fut le père d'Alexandre.

Ici déjà tout prépare le règne du roi libérateur. L'intelligence et la volonté unies ont triomphé de la

force du nombre. Mais l'intelligence et la volonté,
Athènes et Sparte, se sont divisées faute d'un roi qui les
domine pour les accorder et les diriger. Alexandre
paraît. Une poignée de Grecs va renverser le colosse
oriental. Et comme Jésus-Christ est le principe et la
fin de tout, dans ce petit peuple qui commence à
Marathon et qui finit à Arbelles, on peut lire, moins
clairement sans doute que dans le petit peuple juif,
mais on peut lire cependant l'histoire entière du
monde. Alexandre (l'auxiliaire des braves) et Démosthène (la force du peuple) sont l'un et l'autre, dans
l'ordre profane, une figure qui annonce ce que sera
et ce que fera Celui qui doit délivrer le monde par sa
seule parole. Il est vrai que cette parole est un glaive,
il est vrai que la parole de Jésus est une action, et que,
pour lui, dire c'est faire.

Dans l'Ancien Testament, dans le Nouveau, et spé-
cialement dans l'Apocalypse, le Messie est annoncé
et lui-même il s'annonce comme guerrier : son arme,
on vient de le rappeler, c'est la parole. Or il existe
plus de rapports qu'il ne semble au premier abord
entre le glaive et la parole, entre le guerrier et l'orateur ou l'écrivain. Aussi avec le génie de la guerre
presque toujours fleurit le génie de la parole. Une
seule exception se présente : c'est lorsque la guerre
se fait à la manière des barbares, et que la force brutale domine la force intellectuelle et morale. Alors, le
glaive matériel brise le glaive spirituel. Ceci explique
le silence du génie aux époques des Attila, des Mahomet et des Napoléon.

Mais la guerre entreprise pour une cause noble et

juste, développe le génie et le caractère. L'opposition même élève la pensée, exalte le sentiment, enfante les hauts faits. Or il n'est rien comme les belles actions pour inspirer la parole. Ici je prends la parole dans toute son étendue, et sous toutes ses formes : la parole du poëte et celle de l'orateur, la parole de l'historien et celle du philosophe, la parole de l'artiste exprimant l'idée par l'harmonie de la musique, par la couleur de la peinture, par le ciseau du sculpteur ou par les lignes de l'architecte.

Destiné à préparer au sein de la gentilité le règne de Celui qui est la parole par excellence, de Celui qui devait combattre, vaincre, sauver et régner par la parole aussi bien que par le sang, le peuple grec devait unir au génie de la guerre le génie de la parole.

Déjà le premier élan de la Grèce avait inspiré l'Iliade. Achille avait créé Homère ; le héros avait précédé le poëte. La guerre a produit l'épopée, elle produira le drame.

Après avoir concouru comme guerrier au triomphe des Athéniens sur les Perses, Eschyle éternisera sur le théâtre la victoire qui assura la liberté de sa patrie.

Sophocle, Euripide font tour à tour revivre les héros de la fable, ils célèbrent les crimes et les malheurs. Une sombre tristesse plane sur ce théâtre. On y voit l'homme condamné, sans espoir de se relever par lui-même. La scène païenne proclame, à son insu, la nécessité d'un libérateur divin.

Pindare chante les vainqueurs aux jeux de la Grèce.

La grandeur païenne se réduit souvent à un jeu, les victoires véritables et sérieuses sont réservées au chrétien.

Les beaux-arts, à leur tour, reçoivent leur inspiration de la guerre. La musique n'atteint le sublime que lorsqu'elle chante la divinité ou l'héroïsme. Or la lutte élève l'âme à Dieu et fait les héros. Le danger inspire la prière, le succès inspire la reconnaissance envers la divinité et l'admiration pour le héros qui sous l'action divine s'est élevé au-dessus du vulgaire et au-dessus de lui-même.

Or jamais la musique n'est plus solennelle et plus touchante qu'au moment où elle invoque le secours d'en haut, où elle remercie le Tout-Puissant, où elle célèbre le Dieu qui inspire les héros, qui les soutient et les couronne.

Les chefs-d'œuvre de la peinture et de la sculpture sont dûs à la même inspiration. Qu'admirez-vous dans le Jupiter de Phidias, si ce n'est le sourcil qui, au moment d'une lutte solennelle, ébranla le monde.

> Ἦ, καὶ κυανέῃσιν ἐπ' ὀφρύσι νεῦσε Κρονίων·
> . . . . μέγαν δ' ἐλέλιξεν Ὄλυμπον.
>
> *Iliade*, I, 528.

Annuit et nutu totum tremefecit Olympum.

De même ce qui étonne dans l'Apollon du Belvédère, c'est le calme tranquille de la victoire sur le monstrueux serpent.

L'architecture, à son tour, devient un art lorsqu'elle exprime la lutte ou la victoire. Les châteaux sont des forteresses, de petits camps retranchés : *castella;* les palais sont des citadelles; les temples rappellent et représentent les triomphes que Dieu remporta sur ses ennemis et sur les nôtres, soit par lui-même, soit par les héros, soit par les saints.

L'histoire ne saisit son burin que pour éterniser le souvenir de quelque lutte solennelle. Hérodote, Thucydide, Xénophon racontent la guerre.

Si Démosthène est le type de l'orateur, c'est que sa parole fut un combat pour l'honneur et pour la liberté de sa patrie.

Cependant une bataille plus sérieuse encore s'est engagée dans les régions supérieures du monde intellectuel. Tandis que le despotisme menace la liberté, le sophisme menace la raison. Contre les tyrans de l'intelligence, trois libérateurs se sont levés l'un après l'autre. Le premier se nomme Socrate. Seul contre tous les sophistes, et vainqueur sur toute la ligne, il succombe sous la force brutale, comme Léonidas aux Thermopyles. Platon règne et gouverne dans la sphère des idées, comme jadis Périclès dans Athènes. Disciple de Platon et maître d'Alexandre, Aristote sera aussi l'Alexandre de la philosophie.

Après Alexandre, l'empire politique se divise en quatre monarchies principales; après Aristote, l'empire philosophique se partage entre quatre grandes écoles : l'Académie, qui prétend continuer Platon; le lycée, qui suit Aristote; le Portique, qui, sous la conduite du trop austère Zénon, ne reconnaît qu'un seul bien, la vertu; l'épicuréisme, ainsi nommé d'Épicure, son chef, qui ne connaît qu'un seul bien, la volupté. Du choc de ces écoles, naît le scepticisme de Pyrrhon, qui correspond à la décadence politique de l'empire grec.

Commencée à Sparte par le trop sévère Lycurgue, et à Athènes par le trop facile Solon, la grandeur hellénique se développe par la lutte contre la Perse, elle arrive à son apogée, et à son terme final en même temps, avec le prince de la parole, Démosthène, avec le prince de la pensée, Aristote, avec le prince de la guerre, Alexandre.

Dans la sphère de l'action, la lutte pour la liberté a produit les héros, les poëtes, les artistes, les historiens, les orateurs. Dans la sphère de l'idée, la lutte pour la vérité a produit les philosophes. On doit à ces derniers les plus hautes leçons de sagesse et de vertu que la raison humaine ait enseignées au monde. Élève docile de Socrate, Xénophon consigne la doctrine de son maître dans ses *Mémorables*, et il trouve dans l'histoire du grand Cyrus l'idéal socratique réalisé. Disciple aussi de Socrate, mais plus libre et plus hardi, Platon trace l'idéal du sage et du juste dans ses dialogues, surtout dans celui où il cherche quel est le meilleur gouvernement social et individuel. Aristote, enfin, après avoir entendu Platon pendant vingt ans, étudie la raison, l'âme, les corps, les principes métaphysiques, les mœurs et la société : rien n'échappe à sa profonde sagesse.

La Grèce n'est qu'un coin de terre, les Grecs ne sont qu'une poignée d'hommes ; mais ils occupent une grande place dans le plan divin. Si ce petit peuple n'eût pas arrêté Xerxès, Babylone étendait son empire sur l'Europe, il n'y avait plus d'autre civilisation que le despotisme oriental. Au point de vue social, la Grèce a sauvé la liberté. Au point de vue intellectuel, elle a sauvé la raison. Aussi ce peuple, si petit par le nombre, s'est imposé à tous les peuples, à tous les pays, à tous les siècles. Tant il est vrai que ce n'est pas la multitude, la masse qui fait la force, mais le génie et le caractère. Dans les régions de l'art, comme dans les sphères de la science, je parle de la science des sciences, de la philosophie, le génie grec règne et gouverne encore.

Instruments, sans le savoir, de Celui qui seul est le Roi des siècles et des peuples, des sciences et des arts, organes précurseurs de Celui qui est le Verbe, la Sagesse, la Parole, les Grecs, par leurs luttes pour la liberté, préparaient les voies au libérateur universel et à une liberté supérieure ; par l'influence de leur génie, de leur parole et de leur langue si parfaite, ils préparaient les intelligences aux leçons du Maître et au règne de Celui qui est la vérité. Annoncé par Daniel, Alexandre, qui résume si admirablement son époque et son peuple, fut plus grand encore qu'il ne le pensait, il fit plus qu'il ne voulait : il fut l'avant-coureur du Roi des rois.

Au même temps, la cité qui doit un jour remplacer Jérusalem, commence à prendre conscience de sa mission. Rome a son siége de Troie devant Véïes sa puissante rivale, et son Achille dans ce Camille qu'elle contraint au repos par un injuste exil, mais qui domptant un trop juste ressentiment, sauvera son ingrate patrie au moment où nos pères les Gaulois, après la victoire de l'Allia, campaient autour du capitole.

Car en ce temps-là, par une singulière coïncidence et comme pour faire entrevoir tous les peuples qui devaient un jour être appelés à concourir au règne de Jésus-Christ sur les nations, la Gaule commence à se révéler, mais avec un éclat dont la Grèce et Rome ne perdront pas la mémoire. Deux essaims de Gaulois font trembler au même instant les deux peuples qui, tour à tour, vont dominer le monde civilisé.

Dans l'une de ses courses au nord de la Grèce, Alexandre rencontra une bande de ces Gaulois. Etonné de ce qu'en sa présence ils ne tremblent pas : Que craignez-vous donc, leur demande-t-il? — Que le ciel ne tombe, répond l'un d'entre eux. — Ce mot, un Gaulois français et chrétien le traduira dans ce vers qu'il mettra dans la bouche de Joad :

Je crains Dieu, cher Abner, et n'ai pas d'autre crainte.

III

Babel a vaincu Ninive, Babel a vaincu Jérusalem, Babel a encore un triomphe à remporter : cela fait, c'est fini.

L'opulence, la volupté, la superbe rassemblées dans Babylone ont succombé sous les coups de la Perse; mais par son abondance même, par ses délices et par sa magnificence, Babylone a vaincu son rude vainqueur. Cyrus que Dieu lui-même a pris par la main, restera l'un des types les plus parfaits du monde antique. Darius-le-Mède reculant toujours les limites de l'empire médo-perse a fini par se heurter contre le peuple grec. Ce choc a été le signal d'une décadence, qui débute par l'orgueil insensé de Xerxès. Le léopard a remplacé l'ours (Daniel, vii, 5, 6), le bouc a terrassé le bélier (Daniel, viii, 5). Le sceptre du monde a passé des Perses aux Grecs, Alexandre a renversé le dernier Darius. Et puis Babylone, comme toujours, a vaincu son vainqueur. Elle l'enivre de gloire, elle l'enivre de plaisir, Alexandre se croit assez fort pour vider la coupe de la volupté. Il expire à la suite d'une orgie. Ce triomphe de Babel sera le dernier. La fière cité disparaît de l'histoire. Il n'en sera plus parlé. Ses monuments se changent en ruines. Les bêtes fauves vont se loger dans ses temples et dans ses palais. Isaïe l'avait prédit.

Avant de mourir, Alexandre avait légué son trône au plus digne et il avait prédit que ses funérailles seraient sanglantes. Après vingt ans de luttes pour découvrir le plus digne, il se livra un grand combat entre les successeurs du héros. Quatre d'entre eux s'étaient ligués contre un seul : Ptolémée, Séleucus, Cassandre et Lysimaque triomphèrent d'Antigone à Ipsus, et de cette bataille sortirent les quatre monarchies annoncées par Daniel.

Lysimaque eut la Thrace avec l'Asie-Mineure jusqu'au mont Taurus. Ce royaume dura peu.

Cassandre régna sur la Macédoine et sur le reste

de la Grèce. Ce royaume finit 148 ans avant J.-C.
après une durée de 153 ans.

Séleucus s'adjugea la Syrie et le reste de l'Asie, depuis le Taurus jusqu'à l'Indus. Cette monarchie dura
248 ans, depuis l'an 312 jusqu'à l'an 64 avant J.-C.

Ptomélée gouverna l'Egypte. Ce royaume commencé
en 323 finit l'an 30 avant J.-C. et dura 293 ans.

La décadence grecque commence à la mort d'Alexandre, au moment précis où ce peuple vient de
saisir l'empire du monde civilisé. Rome qui doit lui
succéder en est encore à se débattre avec ses rudes
voisins du nord et du sud de l'Italie. Une bande de
Gaulois a suffi pour la mettre à deux doigts de sa
perte. Mais elle se trouvera prête à l'heure où sa robuste main sera nécessaire pour l'accomplissement du
plan divin. En attendant, suivons de l'œil les débris
de l'empire d'Alexandre. Quatre cornes ont remplacé
la grande corne qui figurait Alexandre. (Daniel, VIII,
8.) Déjà il n'en reste que trois : la Macédoine, la
Syrie, l'Egypte.

Trop faibles et trop divisés pour recouvrer leur
liberté, trop indépendants pour supporter en paix le
joug macédonien, les Grecs proprement dits ne cessent ni de lutter contre les nouveaux rois de Macédoine, ni de se déchirer entre eux.

Philippe III, actif et ambitieux, parvient enfin à
établir sa domination. Redoutant, non sans raison, la
puissance toujours croissante de Rome devenue maîtresse de la péninsule voisine, le roi macédonien,
pendant la lutte d'Annibal, prend parti pour Carthage
contre Rome. Suivant la marche qui fait les grands

peuples comme les grands hommes, les Romains ne s'occupaient que d'une chose à la fois. Quand ils eurent fini avec Annibal, ils vinrent à Philippe. Quintius le battit aux monts Cynoscéphales. On lui laissa le trône, mais la Grèce fut déclarée libre. Rome savait ce qu'elle faisait. Elle rendait les Grecs à leurs divisions intestines. Au sein de ce chaos cependant brillèrent deux héros, Aratus et Philopémen : celui-ci fut le dernier des Grecs.

Persée, fils et successeur de Philippe, essaya de reprendre l'empire sur les petites cités de la Grèce divisée, et il osa secouer le joug de Rome, mais Paul-Emile le battit à Pydna.

La Macédoine fut divisée, puis déclarée province romaine. La Grèce se crut indépendante ; Rome caressait la panthère. Enfin la prise de Corinthe mit fin à l'histoire de ce peuple étonnant.

Restaient deux cornes : la Syrie et l'Egypte.

Le centre de l'Asie ne tarda pas à se détacher de la Syrie. Venus de la Scythie, les Parthes s'établissent en Perse. Ils résisteront à la Syrie et plus tard aux Romains qui, là, trouveront la barrière orientale de leur empire.

Le plus puissant des rois de Syrie, Antiochus-le-Grand, est le premier à ressentir les atteintes de Rome.

Un autre Antiochus dit Epiphane (illustre) ou Epimane (fou furieux) fut ce roi impudent, impie, racine du péché, que Daniel avait prédit, traçant dans ce personnage le portrait de tous les princes persécuteurs, mais surtout des persécuteurs des derniers âges. Ce roi si arrogant avait des projets sur l'Egypte.

Rome prit l'Egypte sous sa protection. Popilius Lénas, ambassadeur romain, vint déclarer à Epiphane les intentions de Rome. Epiphane demande du temps pour délibérer. Popilius avec sa baguette trace sur le sable un cercle autour du roi : Vous n'en sortirez pas, dit-il, que vous n'ayez répondu. Le fier Epiphane répondit comme le voulait ce Romain. Et ce roi si docile à la baguette, entreprit de fondre ensemble les mœurs, les lois et les cultes des nations diverses dont se composait son royaume. Et, ce qui est plus surprenant, tous ces peuples obéirent.

Le peuple de Dieu lui-même, trahi et vendu par la politique de quelques grands, allait devenir un peuple grec. Mais le sang des martyrs coula. On cite surtout un vieillard, le vénérable Eléazar, et sept jeunes gens, avec leur mère, plus héroïque encore que ses fils si généreux. Et alors un autre vieillard se leva. L'envoyé d'Antiochus le somme de suivre l'exemple des peuples et des hommes puissants, qui, tous ont plié le genou devant les dieux du tyran. Mathathias répondit : Et quand bien même tous les peuples de la terre obéiraient aux ordres iniques d'Antiochus, moi, et mes fils, et mes frères, nous n'écouterons pas sa voix : *Et si omnes... ego non.* — Le vieillard se fit soldat ; ses fils lui succédèrent et le glaive des Machabées assura la liberté nationale et religieuse du peuple de Dieu.

Enfin, un Antiochus, treizième du nom, fut battu par Pompée, et la Syrie devint province romaine. (64 ans avant J.-C.)

L'Egypte, cependant, sous l'influence des Ptolémées,

devient le centre de la civilisation intellectuelle. Mais cette civilisation est toute grecque. La Grèce rendait à l'Egypte ce qu'elle en avait jadis reçu. Les Ptolémées fondent la célèbre bibliothèque d'Alexandrie. L'un d'eux fait traduire en grec les livres sacrés du peuple de Dieu. Soixante-douze savants juifs furent employés à ce travail. Ainsi la plus belle langue que le monde ait parlé (si l'on excepte peut-être l'hébreu), reçoit une sorte de consécration en devenant le second organe de la parole divine.

La plupart des rois de la nouvelle Egypte se distinguent surtout par le crime et la débauche. Vint enfin la belle et infâme Cléopâtre, qui fut la maîtresse de César, puis d'Antoine. Ce dernier, plus occupé de sa passion que de sa gloire, suit Cléopâtre qui s'enfuit, et perd la bataille d'Actium, l'empire de Rome et du monde. Là aussi finit Cléopâtre et avec elle la dynastie macédonienne des Ptolémées et le dernier royaume d'Egypte. Devenue province romaine, la terre de Misraïm et des Pharaons, depuis la bataille d'Actium (32 ans avant J.-C.), n'a plus d'histoire. Mais Alexandrie restera le centre des sciences, des lettres et du commerce jusqu'à la conquête des Musulmans auxquels il sera réservé d'achever l'abrutissement de cette contrée.

IV

Il est temps enfin de considérer ce peuple aux dents de fer qui s'avance en broyant les nations.

Un jeune homme hardi ouvre un asile, un repaire, si l'on veut, à tous les bandits ; avec leur secours il bâtit une ville dont le nom, tiré du sien, sera Rome, ce qui veut dire *la force*. Romulus ignorait probablement l'histoire, mais cet homme fort avait le génie du gouvernement. Prenant, sans le savoir, un juste milieu entre l'excessive unité qui en Orient concentrait toute la puissance dans la personne du roi, et l'excessif morcellement qui divisait la Grèce, déjà si petite, en autant de pouvoirs qu'il s'y trouvait de cités, et même en autant de gouvernants que l'on comptait de citoyens dans chaque État, Romulus sut concilier l'autorité et la liberté par un heureux mélange de monarchie et de démocratie. Mais comprenant qu'il fallait un troisième élément pour maintenir l'équilibre entre le roi et la multitude, il interposa entre le monarque et le peuple un corps assez puissant pour protéger les droits des petits contre les caprices du prince, il créa le patriciat composé des meilleurs citoyens dont il fit les pères du peuple.

Cependant ces pères du peuple, trouvant Romulus un peu trop roi, profitent d'un orage pour en faire un dieu. Mais ils n'osent pas encore gouverner seuls. Le sage et pacifique Numa adoucit la nouvelle cité en lui donnant une espèce de religion. Les voisins commencent à s'inquiéter. Les Romains songent à se défendre et ils ont bientôt compris que le secret de la défense consiste dans l'attaque. Ce peuple, d'ailleurs, est si bien *constitué* pour le mouvement que le repos est pour lui chose impossible. S'il n'a pas la guerre au dehors, il faut qu'il l'ait au dedans.

Il se débarrasse de ses rois et se donne de simples conseillers, des *consuls*. C'était une révolution toute patricienne. Les grands renversaient la seule autorité qui les pût contenir, afin de mieux dominer les petits. Ceux-ci prennent leur revanche et se donnent des tribuns. La lutte s'ouvre pour cinq siècles.

Le sénat dominera, non sans peine, durant cette longue période, mais à la fin, le peuple aura son tour. Le peuple ! disons plutôt un ambitieux se servant du peuple pour concentrer en sa main tous les pouvoirs. Le peuple romain triomphant du sénat romain, ce sera César dictateur, puis Auguste, *imperator* ou général, et surtout tribun perpétuel, *tribunitia potestate pollens*.

On ne ne sait pourquoi certains politiques s'obstinent à donner Rome et son gouvernement comme un type, un idéal de la liberté.

La liberté romaine ne fut jamais qu'un rêve. Il n'y eut de liberté à Rome ni sous les rois, — pas plus sous Romulus que sous Numa, pas plus sous le prétendu républicain Servius Tullius que sous son assassin l'ambitieux et superbe Tarquin, — ni sous les consuls, ni sous les dictateurs, ni sous les décemvirs, ni sous les tribuns militaires. Le peuple obéit toujours, et ses soi-disant défenseurs, les fougueux tribuns, ne sont au fond que des révolutionnaires qui cherchent à substituer leur puissance à celle du sénat. Telle est Rome au dedans. C'est un lion qu'agite une fièvre incessante. Donnez-lui une proie, sinon de ses propres ongles et de ses propres dents, il va se déchirer lui-même.

Mais dit-on, mieux vaut l'agitation d'un peuple libre que le repos asiatique imposé par le despotisme oriental. Voyez, ajoute-t-on, les merveilles accomplies par ce peuple énergique! Or, d'où lui vient cette vigueur et cette activité au dehors, si ce n'est de ses luttes perpétuelles au dedans? Voilà ce que l'on dit. Mais l'on suppose, à Rome, un peuple libre, et un peuple-roi. Or, redisons-le, jamais ce peuple ne fut libre, jamais il ne fut roi. Ce peuple fut toujours mené, tantôt par le sénat qui le mena contre ses rois, puis contre les peuples voisins; tantôt par ses tribuns qui, avant même d'exister et pour se donner une existence, le menèrent sur le mont Aventin, et là surent lui persuader qu'il n'avait pas assez de chefs, soit dans la personne de ses deux consuls, plus absolus que ne l'étaient les rois, soit dans la personne de ces centaines de sénateurs, bien autrement absolus encore que les rois orientaux et que les consuls eux-mêmes. A tant de chefs auxquels il n'échappera qu'à la condition de se donner des meneurs, ce peuple, naïf et docile comme tous les peuples, ajoute donc des tribuns. On ne voit pas que, depuis la création de ces nouveaux magistrats, le nombre des pauvres ait diminué à Rome. Or, pour les pauvres, il n'y a jamais de liberté, à moins que ce ne soient des pauvres volontaires. — Mais, Rome accomplit de grandes choses. — Oui, grâce aux grands hommes qu'elle enfanta. — Or, réplique-t-on, c'est la liberté qui produit les grands hommes. — Évidemment: car on ne peut être grand qu'à la condition d'être roi, je ne dis pas de nom, mais de fait. Qu'exigez-vous d'un homme

pour le déclarer grand? qu'il ait fait de grandes
choses. Seul, l'homme ne peut rien faire de grand.
Celui qui veut réaliser un grand dessein doit associer
à son œuvre des bras, des intelligences et des volontés,
et par-dessus tout, des cœurs qui soient dévoués à son
idée et à sa résolution, qui se passionnent pour sa
personne et pour son œuvre, et qui se laissent entièrement gouverner par sa parole et par son action,
en un mot le grand homme n'est tel qu'autant qu'il
règne et qu'il commande en roi. Or nul n'est roi, s'il
n'est libre. Donc pas de grand homme sans liberté.
Est-il au reste une grandeur possible sans l'indépendance du caractère, en d'autres termes sans un caractère royal?

Mais est-il vrai que les hommes supérieurs, libres
et rois, doivent naître du conflit entre un peuple
et un sénat, entre des tribuns et des consuls, entre
les petits et les grands? S'il en est ainsi, les hommes
éminents se rencontreront partout; car partout se
trouvent des grands et des petits, et partout il y
a lutte entre eux. Est-il vrai surtout que l'agitation
intérieure soit la condition nécessaire et la cause de
la grandeur au dehors? Où sont après tout les grandes choses que Rome a faites? Elle a conquis le
monde. — Mais les monarques en ont fait tout autant. Ninus, Sémiramis, Nabuchodonosor, Cyrus,
Darius le Mède, Alexandre enfin, eux aussi, ont fait
la conquête du monde! Et si Rome a mis plus de
temps à parvenir au même résultat, c'est que ses
tribuns, le plus souvent, quelquefois aussi son sénat,
ne firent qu'entraver ses grands hommes. Camille,

Papirius Cursor, Scipion, Paul Émile, Scipion l'Émilien, et enfin César, ont perdu chacun presque les
neuf dixièmes de leur vie d'homme à batailler contre
les obstacles intérieurs. Ce n'est pas Camille qui
mit dix ans à prendre Véies, et, sans l'exil de ce
grand homme, les Gaulois n'eussent pas battu les
Romains sur l'Allia et réduit Rome au Capitole. Papirius Cursor, continué pendant quelques années dans
le commandement, eût soumis toute l'Italie. Les mesquines vexations des tribuns forcent le grand Scipion à
s'exiler à sa campagne et à finir ses jours dans l'inac-
tion. Paul Émile est contraint par la jalousie à passer,
sans rien faire, les vingt plus belles années de sa vie; il
ne lui est donné de commencer à servir sa patrie qu'à
l'âge de soixante ans. Rome perd son temps et son sang
contre Numance, jusqu'à ce que, enfin, elle se résigne
à recourir au génie du fils de Paul Émile. Mais dès
lors, la démagogie avait inventé le secret de ses victoires, la trahison et l'assassinat. L'Émilien est enlevé
à sa patrie au moment où il lui est plus que jamais
nécessaire. Les Gracques pourront sans contrainte
abuser de leur génie pour bouleverser Rome. Ils succombent toutefois comme tombent tous les révolutionnaires. Mais ils ont donné l'exemple de ce que
l'on pouvait tenter.

Rome passera par le joug de ces génies brutaux,
féroces et sanguinaires, qui se nomment Marius et
Sylla. Le premier représentait le peuple, le second
représentait le sénat. Pompée, de l'ordre des chevaliers, se tint au juste milieu, entre l'aristocratie de
la finance personnifiée dans Crassus, et la démocratie

concentrée dans César. Mais le peuple vainquit par César, ou plutôt César triompha par le peuple, et disposa en maître et du sénat et de Rome et du monde. La république tenta vainement de se relever. Quand il ne reste plus d'autre arme que le poignard, une cause est perdue. Rome subira les Tibère, les Caligula, les Claude et les Néron. O peuple vraiment libre! ô peuple vraiment roi! Non, sa grandeur ne procède pas de cette liberté prétendue qui n'exista jamais pour lui, ni en droit, ni en fait, ni dans sa constitution, ni dans son gouvernement, ni dans ses mœurs. D'où venait-elle? car ce peuple fut grand. L'Écriture va le dire.

Au premier livre des Machabées (c. VIII), après avoir énuméré les conquêtes des Romains et signalé leur puissance, l'auteur sacré termine par ce trait : Ceux qu'ils veulent aider à régner, règnent; ceux qu'ils veulent renverser, tombent. Mais pour eux, leur grandeur est au comble : *et exaltati sunt valde.* Puis l'écrivain trace en trois versets le portrait de ce peuple étonnant. « Parmi eux personne ne porte le diadème, nul ne revêt la pourpre pour s'élever entre les autres. Ils se sont fait un sénat, et chaque jour ils consultent trois cent vingt sénateurs, tenant perpétuellement conseil sur la multitude, afin de ne rien faire qui ne soit digne. Et ils confient chaque année le pouvoir à un seul qui domine toute la république, et tous obéissent à un seul, et il n'y a parmi eux ni envie, ni jalousie. »

Il semble, au premier abord, qu'il y ait beaucoup à redire sur ce portrait. — Rome n'avait pas un chef unique, mais deux consuls. — Je réponds qu'en droit il y avait deux consuls, mais dans la réalité, le plus souvent du moins, l'un des deux se trouvait annulé par la supériorité de l'autre. C'était alors surtout que Rome faisait de grandes choses; car les grandes entreprises ne sont possibles que par l'unité. — On s'étonne encore d'entendre dire que l'envie et la jalousie étaient inconnues à Rome, tandis que l'histoire intérieure de la république n'est que le tableau des dissensions et des jalousies interminables des deux ordres. Aussi faut-il convenir que ce n'est pas au point de vue de son intérieur que Rome apparaît grande. Mais ce qui ne se peut contester, c'est qu'au moment du péril, et quand il s'agissait d'une grande entreprise au dehors, les jalousies se taisaient. La multitude, alors, au lieu d'écouter ses tribuns, se tourne vers le sénat : *et quotidie consulebant trecentos viginti, consilium agentes semper de multitudine, ut quæ digna sunt gerant.* Ces intrépides vieillards sont au-dessus des craintes. Populace et tribuns, Gaulois et Carthaginois, Annibal et Pyrrhus, rien ne fait peur à ces vieux guerriers, à ces personnages consulaires accoutumés à lutter contre les passions de tout genre; et de l'ensemble de leurs délibérations il ne sort rien que de digne d'un peuple fort et magnanime. C'est ainsi que, par la sagesse de leurs conseils et à force de patience, les Romains prennent successivement possession de tous les pays qui les entourent : *Et possederunt omnem locum consilio suo et patientia.*

Quant à l'obéissance au magistrat, elle est incontestable. Les exemples surabondent. Or, le secret de la

grandeur de Rome est tout entier dans ces deux
choses : la dignité du sénat, et l'obéissance au consul.
L'autorité respectée, l'autorité se respectant elle-
même : voilà en deux mots ce qui mena Rome à l'empire du monde. Là gît le secret de sa force, de son
indépendance et de sa majesté. Ses tribuns et sa démagogie ne furent qu'une cause de retard, comme elles
devinrent une cause de décadence. Les Rienzi, les
Arnaud de Brescia, les Savonarole, les Mazzini et les
Garibaldi eussent fait à Rome le rôle des tribuns.
Jamais ils n'eussent été consuls, et tous ils eussent
fini comme Catilina. La Rome des consuls ne peut-
être remplacée que par la Rome des Papes. Il n'y eut
jamais et jamais il n'y aura de grandeur pour une
Rome impériale ou royale, bien moins encore pour une
Rome de tribuns. Sous les rois, Rome ne fit que commencer ; par les tribuns, Rome ne fut qu'arrêtée dans
sa marche. Rome ne grandit et ne triomphe que par
ses consuls. A partir d'Auguste, ce n'est plus Rome
qui domine le monde, c'est l'empereur romain. On
parlera de Néron, de Titus, de Trajan, d'Antonin, de
Marc Aurèle, de Sévère, de Dioclétien. On ne dit plus
rien de Rome, ni du sénat, ni du peuple romain. Le
sénat ne se respecte plus ; il n'est plus respecté.
L'armée remplace le sénat ; la force matérielle succède
à la force morale ; le général, *l'Imperator*, prend la
place du consul. La puissance n'est plus à Rome, elle
est où est l'empire ; et l'empire ou le commandement
militaire se trouve là où se rencontrent le général et
l'armée.

Assez sur le gouvernement de Rome, passons à son

histoire. Voyons la robuste cité s'avançant à la conquête du monde.

Issue d'Albe la Longue, Rome devait rencontrer dans sa mère le premier obstacle au développement de sa puissance. Albe succombe et Rome l'absorbe. C'est là encore un des secrets de la grandeur romaine : le Romain n'exterminait pas, il ne renversait que les murailles ; il dévorait, comme nous l'avons dit ailleurs, il absorbait, il s'assimilait les vaincus et les transformait en Romains. Tous les voisins auront tour à tour le même sort : Herniques, Volsques, Èques, Rutules, Véiens, Latins, Étrusques, Samnites enfin et Tarentins, toute l'Italie est devenue romaine, sauf les Gaulois qui tiennent le nord et qui, de là, feront trembler Rome, au temps où Rome elle-même fait déjà trembler la haute Asie.

Arrêtée de ce côté, Rome descend vers le sud ; mais là le fer va heurter l'or, le peuple laboureur et soldat va rencontrer le peuple marchand ; les fils de Japhet vont se croiser avec les fils de Cham et de Chanaan.

Plus vieille que Rome de cinq siècles, Carthage, colonie de la fameuse Tyr, venait, lors de la naissance de sa future rivale, de recevoir un élan nouveau par l'arrivée de Didon. Après s'être fortement établie en Afrique, elle s'étend sur tous les points de la Méditerranée par la guerre et par le commerce. Rome est encore aux prises avec ses petits voisins, que déjà Carthage est maîtresse de la Corse, de la Sicile, de la Sardaigne, des Baléares, de la Bétique, de Mélite ou Malte. La Sicile se souleva souvent, le génie grec y dominait. Ce fut là que Rome aborda Carthage. Régulus fut la victime et le héros de la première guerre punique, dont le résultat final fut heureux pour les Romains. La Sicile carthaginoise leur resta.

Mais le héros de Carthage vient de naître. Annibal a juré une haine immortelle au nom romain. Sagonte, alliée trop fidèle d'un peuple qui l'abandonne, succombe après une défense héroïque. Ce n'est que le coup d'essai d'Annibal. Il franchit l'Èbre, les Pyrénées, le Rhône, les Alpes. Les légions romaines ne peuvent l'arrêter ni sur les bords du Tésin, ni sur ceux de la Trébie, ni sur les rives du Trasimène. Seul, par ses lenteurs, le sage Fabius déconcerte un instant les espérances du vainqueur. Mais après l'effroyable désastre de Cannes, c'en était fait de Rome, si Rome eût été capable de se décourager, et si Capoue n'eût endormi les soldats d'Annibal. Tandis que les deux Scipions tiennent Carthage en échec sur la terre d'Espagne, Fabius et Marcellus se font en Italie, l'un le bouclier, et l'autre le glaive de Rome. Ce dernier triomphe de Syracuse malgré le génie d'Archimède.

Cependant Annibal va reprendre l'avantage. Les deux Scipions viennent de succomber en Espagne. Mais l'un de ces Scipions laissait un fils qui, encore enfant, avait, à la bataille du Tésin, sauvé la vie à son père ; qui, adolescent, avait ramassé les débris de la déroute de Cannes ; qui, à peine jeune homme, s'offre à remplacer en Espagne son père et son oncle.

A l'arrivée du jeune héros la face des affaires change, le boulevard de la puissance punique en Espagne, Carthagène, tombe entre ses mains. Rome, sourde

aux réclamations de certaines jalousies, élève au
consulat le brillant vainqueur d'Asdrubal. Par un coup
hardi, le nouveau consul transporte le champ de
bataille sous les murs de Carthage. Annibal rappelé,
quitte l'Italie avec des pleurs de rage. Le sort des
deux cités se décide à Zama, où, pour la première fois,
le plus grand capitaine peut-être que le monde ait
jamais vu fut vaincu par un jeune homme. C'est que
la partie n'était plus égale. Carthage n'avait pas compris son Annibal, elle n'avait fait que l'entraver.
Annibal fut toujours seul contre Rome, seul avec son
génie et son caractère. Il y avait deux factions à Carthage. Il n'y en avait plus alors à Rome. Scipion n'eut
à vaincre que l'envie qui s'attache à tout mérite supérieur. Il sut la dédaigner, et par ce dédain sublime,
non moins que pour avoir vaincu Annibal, il fut, par
la puissance du génie comme par la sereine hauteur
du caractère, le plus grand des Romains. César seul
pourrait le lui disputer. Mais César se fit le maître de
sa patrie. Scipion ne voulut en être que le premier
serviteur. Outre les tribuns, Scipion avait rencontré
à Rome deux ennemis : Fabius Maximus *Cunctator*, et
Caton le *Censeur*. Cela s'explique. Le vieux tempori-
sateur ne pouvait qu'être ébloui de la foudroyante
rapidité de l'Africain. L'austère et rude censeur ne
pouvait souffrir l'éclat d'une vie où son esprit sévère
ne trouvait rien à reprendre. La prudence et la criti-
que sont souvent malheureuses : car elles sont souvent jalouses.

Nous avons dit comment Philippe III s'étant permis de seconder Annibal fut battu par Rome qui fei-

gnant de rendre la liberté aux Grecs, lui enleva l'empire qu'il s'était donné sur la Grèce entière. Le puissant roi de Syrie, Antiochus Le Grand, doublement coupable et pour avoir accueilli Annibal et pour avoir porté quelques secours à Philippe de Macédoine, sera refoulé par les Scipions au delà du Taurus.

Le successeur de Philippe, Persée, ose secouer le joug et non sans quelque succès, parce que, fatigué de ses grands hommes, le peuple choisit des consuls médiocres qui ne savent que se faire battre. Mais enfin, forcée de recourir à un héros, Rome envoie contre Persée son Paul Émile. La Macédoine ne tardera pas à devenir province romaine.

Rome a toujours peur de Carthage; il faut, toutefois, le perpétuel *delenda Carthago* d'un Caton pour décider la ruine d'une rivale qui méritait un sort moins rigoureux. Le fils de Paul Emile, petit-fils par adoption du premier Africain, Scipion Émilien est envoyé contre Carthage. L'héroïsme de la défense prouva que peut-être Rome n'avait pas entièrement tort de redouter la fille de Tyr. Le second Africain n'était pas un Caton : il pleura sur cette ville infortunée qu'il était contraint de renverser.

Ce n'était pas sans résistance que les peuples devenaient Romains. La Grèce, l'Espagne avaient peine à se laisser rayer de la liste des nations. Corinthe est le dernier boulevard de l'indépendance des Grecs. Elle tombe, et la Grèce devient province romaine. Le berger Viriathe et la ville de Numance tiendront les Romains en échec, le premier, pendant neuf ans, et l'autre, jusqu'à ce qu'enfin vienne le second Africain qui terminera en quelques mois un siége de dix ans.

Les guerres se multiplient contre Rome ; mais elles ne feront que retarder l'instant de ces grandes luttes intestines qui de ce peuple roi, s'il est vrai que jamais à Rome le peuple ait été roi, doivent faire un peuple esclave. Marius et Sylla se partagent l'honneur de la défaite de Jugurtha. Les Cimbres et les Teutons immortalisent Marius. La révolte des Italiens alliés de Rome suspend encore la rivalité de deux hommes qui se gênent.

Tandis que Sylla est occupé contre ce terrible Mithridate, qui fut le digne émule d'Annibal et le dernier défenseur de l'Asie contre Rome, Marius établit son pouvoir sur les débris sanglants de la faction de son rival. Mais au retour de Sylla, la scène change. Marius fuit et Sylla montre que Rome peut supporter non-seulement un maître, mais un tyran.

L'heureux Pompée se procure la gloire facile de terminer des guerres commencées par des généraux plus habiles comme guerriers, mais moins agréables comme politiques. La trahison et l'assassinat lui livrent Sertorius ; esclaves, pirates, Mithridate, tous les ennemis de Rome sont censés vaincus par Pompée, et le *grand* homme règne par le seul prestige de son nom.

César entendait régner autrement. Il entreprit de résumer Marius et Sylla. Né patricien, il se fit plébéien. Peuple et sénat, il faut que tout s'accorde pour le grandir. Cet homme, d'ailleurs, réunissait tous les traits de la grandeur, à l'exception d'un seul, à l'exception de la vertu. En lui l'intelligence et la volonté se répondaient. Génie complet, il fut orateur et guerrier, historien et politique. Agissant autant par inspiration que par calcul, rapide comme l'éclair et patient comme le roc, d'une audace qu'aucun obstacle ne déconcerte, d'une constance qu'aucun revers ne décourage, généreux, clément, magnanime, le plus grand des Romains, s'il n'eût été le plus ambitieux — voilà pour l'homme public, — et le plus dissolu — voilà pour l'homme privé, — César eût mieux aimé être le premier dans le dernier hameau des Alpes, que le second à Rome.

Pour arriver, tout lui servira : les richesses de Crassus et le nom de Pompée, les complots de Catilina, et les intrigues de Clodius; il n'est pas jusqu'à l'éloquence et l'amitié de l'honnête Cicéron qui ne lui soient utiles.

Un seul homme lui résiste; c'est Caton, dont la farouche vertu rappelle le Censeur. Mais que peut l'austérité stoïque contre les élans du génie le plus hardi et du caractère le plus résolu que Rome ait encore produit.

Rome déjà domine le monde civilisé. Deux peuples cependant sont encore libres. A l'Orient, les Parthes; Crassus ira se perdre dans leurs déserts. Rome, d'ailleurs, de ce côté s'étend à une telle distance que rien ne la presse d'en finir avec les Parthes. Tout près, aux frontières de l'Italie, elle se voit toujours arrêtée par ces redoutables Gaulois qui, si souvent, la firent trembler. Le Sénat toutefois ne veut pas les attaquer. Il se contente d'une simple province au delà des Alpes.

Mais César a besoin d'un marche-pied pour s'élever plus haut que le trop heureux Pompée. La Gaule sera cet escabeau. Il lui faudra neuf ans et tout son génie pour soumettre nos pères. Vainqueur des Gaulois, moins encore par la supériorité de la tactique militaire que par cette politique plus ancienne que Machiavel, qui consiste à diviser l'ennemi et à s'assurer des amis puissants et intéressés parmi ceux que l'on ne peut vaincre, César passe le Rubicon.

Pompée quitte Rome entraînant les consuls. La république est tombée. Quand on est chargé du pouvoir, on meurt à son poste, ou du moins on ne se retire qu'à l'instant où la résistance est devenue absolument impossible, et qu'il reste un espoir fondé qu'en se ménageant pour d'autres circonstances, on pourra relever la chose publique. Pompée pouvait fuir. Il n'était pas la personnification de la patrie. Mais les consuls devaient rester à Rome. Suivre Pompée, c'était déclarer que désormais Rome avait un maître, et que pour le moment ce maître était Pompée. César n'aura donc qu'à renverser cet homme pour devenir à son tour le maître de la république. C'est ce qui se fit à Pharsale. Puis le foudroyant César parcourt, avec la rapidité de l'éclair, l'Asie, l'Afrique, l'Espagne. La victoire de Munda achève le parti de Pompée. César, dictateur, fait ce qu'il veut à Rome; il peut enfin donner un libre essor aux gigantesques desseins de son génie. Il vengera sur les Parthes la défaite de Crassus, il relèvera l'antique Ilion, il établira l'empire romain sur des bases tellement solides qu'enfin le vieil oracle se vérifiant, on pourra, sans crainte de recevoir un démenti, proclamer cette robuste cité la ville éternelle. Mais ce n'est pas à la Rome des Césars qu'est promise l'immortalité. César succombe sous le poignard de l'ingratitude et de la trahison. Un avare, nommé Cassius, et un stoïcien farouche, nommé Brutus, ont conduit le coup, et ils n'ont su qu'assassiner. Les deux meurtriers, par un lâche suicide, vengeront de leur propre main la mort du seul homme qui eût pu soutenir la grandeur romaine. Un politique recueillera l'héritage du génie. Le pouvoir sera livré par la bataille d'Actium aux mains d'Auguste.

Dans ces derniers temps de la république on vit encore un homme honnête. Ce fut Cicéron, prince des orateurs, sincère défenseur de la patrie, adversaire constant de la tyrannie, autant de celle de Pompée que de celle de César ; car s'il suivit Pompée, c'est qu'avec Pompée se trouvaient les consuls. Cicéron ne prit aucune part aux lâches perfidies qui distinguent les adversaires de César. Il n'eut pas la faiblesse de se tuer comme le stoïque Caton d'Utique. On le savait trop honnête et trop timide pour lui faire part du complot contre César. Mais il fut le seul à tirer parti de cette circonstance et à tenter le dernier effort sérieux qui ait été fait pour rétablir la république romaine. Il fut joué par Octave, puis trahi, vendu, proscrit par ce jeune homme. Il n'y a pas de déshonneur à être trompé par un politique. C'est le propre de l'homme droit, je dirais presque c'est sa gloire, de ne pouvoir être vaincu que par la fourberie et par la double langue. Cicéron mourut bravement. Il tendit la tête aux bourreaux qui le poursuivaient de la part d'Antoine. Octave joua Antoine comme il avait joué les autres. Pour lui, il mourra dans son lit, mais il trouvera dans sa propre famille, et surtout dans son successeur, les bourreaux chargés de venger les crimes de sa politique.

Cependant à cette époque suprême tous les genres de force et de grandeur se sont réunis.

Ce fut, au-dessus de tout, le génie de la guerre. Que Rome lutte au dehors, ou qu'elle se déchire au dedans, ses guerriers sont toujours grands. Généralement ils ne peuvent être vaincus que les uns par les autres. De l'école des Marcellus, des Fabius et des Scipion sont sortis les Métellus, les Marius, les Sylla, les Sertorius, les Lucullus, les Pompée; mais César les efface tous.

La parole, cette autre puissance qui, depuis cinq siècles, gouverne Rome, atteint la perfection sur les lèvres de Cicéron. César pouvait être son rival; mais César aima mieux agir.

Auguste recueillit toutes ces gloires, et ce fut pour leur préparer un tombeau. Il ferma le temple de Janus. Le glaive rentra dans l'ombre, et la parole dans le silence. L'histoire et la poésie profitèrent de ce repos, l'une pour raconter les gloires du passé, l'autre pour les chanter.

Déjà Salluste flétrissant deux scélérats, avait flétri la Rome de son temps, Rome qu'un Jugurtha se chargeait d'acheter avec une poignée d'or, Rome qui avait fourni des complices à un Catilina. Et quels complices! On sait que Catilina fut défendu par César.

Cornélius avait appris aux Romains qu'ailleurs il y eut des hommes forts et grands.

Quinte-Curce leur fit connaître cet Alexandre dont aucun Romain ne dépassa le génie et le courage, pas même César.

Celui-ci n'aura d'autre historien que lui-même. Par de simples mémoires il sera le Xénophon latin.

Tite-Live, bien qu'écrivant sous Auguste, raconta la grandeur de l'ancienne Rome et d'une république qui n'était plus.

L'histoire du peuple romain est finie. Ce peuple, selon le vœu d'un de ses tyrans, n'a plus qu'une tête : cette tête se nomme César. Les Césars absorbent tout. Très-peu rappelleront le génie du premier; beaucoup dépasseront ses infamies. Deux historiens suffiront à l'empire : l'un, l'indifférent et impassible Suétone, pour en exposer les ignominies : l'autre, Tacite, pour les flétrir.

Virgile cependant surpassait Théocrite, et s'efforçait d'atteindre Homère. Mais quand le temple de Janus est fermé, la poésie est trop calme.

Horace balance entre Epicure et le Portique; il suit de loin Pindare, il rappelle plus souvent Anacréon.

Plaute et Térence avaient rivalisé avec Aristophane et Ménandre; Phèdre imite Esope sans le copier; Catulle, Tibulle, Properce, Ovide, Martial, Juvénal et Perse grossissent le cortége.

La philosophie est représentée par Cicéron et par Sénèque. Mais le premier ne pense point par lui-même. Il n'est que l'écho intelligent et harmonieux de la sagesse des Grecs. Le dernier est surtout moraliste. Ni l'un ni l'autre n'élèvent un édifice doctrinal.

Le génie grec a imposé au monde les idées ; il s'est imposé comme modèle. La philosophie oscillera toujours entre le sublime et hardi Platon et le profond et sage Aristote. L'éloquence et la poésie feront sagement de ne pas trop s'écarter de l'idéal montré par les Démosthène et par les Homère.

Née pour commander, Rome imposera sa loi, son code, son droit. La loi romaine sera la loi du monde. *Tu regere imperio populos...* Les Assyriens, les Perses, les Grecs subjuguaient les peuples ; ils ne les transformaient pas en Assyriens, en Perses, en Grecs. Rome, encore un coup, Rome dévore et s'assimile tout ce qu'elle absorbe ; elle ne souffre que des Romains. Elle ne connaît pas d'autre droit, elle ne connaît pas d'autre monde, que le droit romain et le monde romain.

Le Romain sait ce qu'il veut ; et ce qu'il veut il le veut toujours. Avant d'entreprendre il délibère. L'entreprise une fois commencée, rien ne saurait déconcerter sa patience : *et possederunt omnem locum consilio suo et patientiâ.* Sagesse et constance, rien ne résiste à ces deux forces qui constituent tout simplement au plus haut degré la perfection naturelle de l'intelligence et de la volonté. L'aigle romaine couvre donc de ses ailes le monde civilisé d'alors et elle le tient dans ses fortes serres. Ou plutôt Rome est cette quatrième bête qui, dans la vision de Daniel, a dévoré les nations.

Mais nous voici à l'instant solennel qui va briser en deux la chaîne des siècles, qu'ai-je dit ? briser, c'est joindre et souder qu'il fallait dire. *Faciens utraque unum*. Avant d'atteindre le sommet, retournons-nous et jetons un regard d'ensemble sur la série des crêtes que nous avons parcourues.

V

Dieu n'a qu'une idée, idée éternelle, immuable, infinie comme lui-même, idée dont il est le principe et le terme. De toute éternité il se dit à lui-même son idée et par là il engendre une parole, éternelle, immuable, infinie, une, comme son idée. Cette parole est son Verbe, son Image, son Fils.

Le monde, les atomes comme les esprits, les soleils comme les anges, déclarent et reflètent l'idée et le Verbe divin : *Cæli enarrant gloriam Dei*. Si cela est vrai des cieux matériels, on le doit dire à plus forte raison des esprits purs.

L'homme, résumé complet de la création spirituelle et matérielle, n'est qu'un reflet de l'image, qu'un écho de la parole, qui est le Verbe et le Fils de Dieu : Faisons l'homme, a dit le Créateur, faisons l'homme à notre image : *faciamus hominem ad imaginem nostram*.

Le plus brillant et le plus fier des esprits créés a voulu déconcerter le plan divin. Le serpent croyait mentir quand il dit à la femme : Vous serez comme des dieux. Il n'a menti qu'à lui-même : il a dit plus vrai qu'il ne voulait. L'homme ne sera pas seulement comme Dieu, mais dans la personne de Jésus-Christ, Dieu fait homme, il sera l'Homme-Dieu.

Vainement l'esprit-serpent se redresse, la femme lui écrasera la tête.

Vainement sous l'influence du maudit, toute chair a corrompu ses voies, le déluge purifie la terre, en noyant tout, sauf le juste.

Après le déluge comme avant, le plan infernal est toujours le même : faire prévaloir le nombre, la masse, le peuple sur l'intelligence, sur la vertu, sur l'élite. Le suffrage universel n'est point une absurdité moderne. Il y a longtemps que l'esprit du monde ou de l'enfer, (c'est tout un), s'efforce de concentrer toutes les familles et toutes les nations dans un empire unique pour écraser la famille et la nation des enfants de Dieu.

Depuis longtemps l'esprit du monde s'appelle Nemrod et Babel. Nemrod signifie *soyons rebelles*, c'est-à-dire, révolution ; Babel signifie confusion, c'est-à-dire fusion, identification, centralisation de tous les rangs, de toutes les conditions, de toutes les idées. Babel, c'est le communisme, ou plutôt ce qui est pire, le socialisme, c'est-à-dire la confiscation de tous les individus, et de tous les droits et de tous les intérêts individuels au profit de l'ensemble, au profit de tous réprésentés par quelqu'un ou par quelques-uns. Le *quelqu'un* s'appelle Nemrod ou César ; les *quelques-uns* se nomment Babel ou la Révolution. Quels qu'ils soient, il se disent *l'Etat*, et chacun redit, non dans le sens royal, mais dans le sens impérial et républicain, dans le sens de l'égoïsme : l'Etat, c'est moi. Et l'Etat personnifié dans Nemrod, dans César, ou dans Napoléon, ou encore dans la Constituante, la Commune ou la Convention, c'est l'omnipotence du despotisme brutal, c'est la force matérielle substituée au droit.

Mais si Babel veut dire confusion, ce mot signifie également vanité, néant. Babel ne saurait prévaloir. Le peuple de Dieu atteint son apogée avant le peuple de Nemrod ; David et Salomon précèdent Nabuchodonosor, qui n'apparaît que pour châtier la famille de David et la tribu de Juda devenue ingrate et coupable. Mais si Jérusalem a mérité de succomber sous la verge de Babylone, Jérusalem se relèvera, au lieu que Babylone tombera pour disparaître à jamais.

Dieu, autrefois comme aujourd'hui, semble laisser à Satan l'empire du monde ; c'est au point, que, de bonne foi, le naïf Lucifer se croit et se dit le prince du monde : Voyez, dit-il, les royaumes de la terre, je les donne à qui je veux, je les donne à qui m'adore.

Avant Jésus-Christ ce prétendu prince du monde suscita l'un après l'autre quatre empires pour écraser le peuple de Dieu. Mais Dieu se servit de chacun de ces quatre empires pour préparer celui de son Fils.

Le premier, celui de Nabuchodonosor, servit à châtier le peuple coupable et à le disperser parmi les nations civilisées afin d'y répandre les germes du salut, la notion du vrai Dieu, et l'espoir d'un Sauveur.

Le second, celui de Cyrus, servit à rétablir Jérusalem, son temple et son peuple.

Le troisième, celui d'Alexandre, servit à unir les

trois parties du monde connu : l'Europe, l'Asie, l'Afrique, par la diffusion de l'idiome et du génie grec plus encore que par la conquête.

Le quatrième, celui de Rome, devait, dans le plan infernal, centraliser le monde humain en absorbant dans César tous les peuples, tous les individus, comme le voudront faire certains Césars allemands du moyen âge, et les hommes de la révolution des temps modernes.

Et Dieu laisse faire. Du haut de son trône il sourit des ouvriers de Babel. Et puis soudain il confond les langues et les idées de ces unitaires, et, d'un souffle, il les disperse.

Voici que dans la personne d'Auguste la centralisation, ou l'absorption de tout et de tous au profit d'un seul qui se déclare l'Etat, s'est réalisée au plus haut degré : Satan rugit d'une joie infernale. Il ne reste plus au vrai Dieu, au Dieu qui va se faire homme, qu'un point imperceptible qu'on nomme la Judée. Et cette Judée, si petite, est en partie au pouvoir d'un Iduméen, serviteur de Rome; le reste est déjà province romaine. La cité de David s'est embellie de deux nouveaux palais qui accusent la présence de deux maîtres nouveaux : ce sont les palais d'Hérode et de Pilate, l'un esclave de César, l'autre gouverneur pour César. Le sceptre est tombé des mains de Juda. Sur la terre il n'existe plus de peuple de Dieu, de même qu'aujourd'hui, en l'an de grâce 1870, depuis l'entrée des subalpins à Rome, il n'existe plus au monde une seule nation qui, comme telle, soit catholique.

8.

Encore un peu, il n'y aura plus d'autre Dieu que César, plus d'autre cité que Babel. Entre le despotisme d'un seul, qui représente Satan, le tyran infernal, et celui de la révolution, qui représente l'enfer tout entier, choisissez.

Mais voici que sans aucun secours humain, une pierre se détache de la montagne.

Un enfant naît dans une étable ; il grandit dans un pauvre atelier. Il parle et le peuple s'écrie : Jamais homme n'a parlé comme cet homme. En effet, il béatifie ce que le monde maudit ; il maudit ce que le monde admire. — Il fait le bien : et le peuple s'écrie : Il a bien fait toutes choses : *bene omnia fecit*. Aussi est-il arrêté et cité devant les deux plus hautes puissances qui soient au monde.

Devant le grand-prêtre, devant Caïphe, il se donne pour le Messie, le Sauveur et le Christ, Fils du Dieu vivant ; devant le lieutenant de César, devant Pilate, il se déclare le roi : *Tu dicis : quia rex sum ego.*

Caïphe le déclare digne de mort. Le peuple, — ô peuple souverain ! ô suffrage universel ! — le peuple, ce même peuple qui, hier encore, s'écriait : Hozanna, gloire au Fils de David, le peuple, par une révolution digne de la haute sagesse qui caractérisa trop souvent le suffrage universel de cet étrange souverain, le peuple s'écrie aujourd'hui : A la croix !

Et Pilate, le politique, l'ami de César, reconnaît le juste, le déclare juste, et par un de ces coups de force dont les Césars du dix-neuvième siècle surtout posséderont le secret, Pilate livre le juste à la merci du peuple et à la jalousie des pontifes.

Cloué à une croix, le Christ, le roi, le libérateur, l'Homme-Dieu meurt de la mort de l'esclave.

Caïphe et Lucifer ont triomphé.

Puis un pêcheur de la Galilée se rendit à Rome. Il y annonça que le crucifié du Calvaire était le Christ, le roi du monde. Ce pêcheur à son tour fut crucifié. — César en fixant Pierre à la croix ne se doutait pas que par cette mort il fixait à Rome le siége de l'empire de Celui dont le berceau fut une crèche et le lit funèbre une croix.

Le monde s'est épuisé pour produire Rome, Rome s'est épuisée pour produire César. César devient le nom propre de la force humaine élevée à sa plus haute puissance. Et César, la plus haute puissance qui soit au monde, va s'éclipser devant un pêcheur nommé Pierre. Et Pierre devient le nom propre d'une puissance devant laquelle toute autre puissance devra s'incliner ou disparaître. *Reges, intelligite.* Comprenez, ô rois !

Il n'est pas dans l'histoire un événement pareil. Il n'est pas de siècle qui ait produit deux puissances comme César et comme Pierre.

Or, au-dessus de César et de Pierre, je vois le Sauveur, le Libérateur et le Maître, le Roi et le Prêtre, le Christ Jésus.

Sans le savoir, César lui préparait l'escabeau ; — le sachant Pierre lui soumet les nations.

Les conquêtes d'un César s'effacent devant celles d'un saint Pierre ou d'un saint Paul. L'éloquence et la philosophie d'un Cicéron se taisent devant la sagesse et la parole de Celui qui est la Sagesse et le Verbe du Père, et devant la sagesse et l'éloquence de ces hommes simples qui furent les échos du Verbe fait chair. La poésie d'un Virgile et l'histoire du peuple-roi languissent auprès des récits de l'Evangile, des Actes des apôtres, et de ce grand tableau de l'histoire universelle des siècles à venir, qui se nomme l'Apocalypse.

L'Enfant de Bethléem, le Crucifié du Calvaire domine tout. L'ange l'avait annoncé à la Vierge Immaculée qui seule déjà suffirait pour élever cette époque au sommet de la chaîne des siècles : *Hic erit magnus*.

Evidemment le siècle grand par excellence sera le siècle qui a vu naître, mourir, revivre et régner Celui qui par excellence est le Grand.

Et maintenant la bataille va s'engager. Le prince du monde va mettre en ligne toutes ses forces. Car on peut le dire, ces chefs victorieux, ces commandants suprêmes, ces *imperatores* païens seront presque tous les lieutenants généraux de Lucifer. Un coup d'œil sur la galerie impériale suffira pour s'en convaincre.

VI

Depuis Auguste, le premier *imperator*, jusqu'à Constantin, on compte cinquante-trois césars. Sur ces cinquante-trois empereurs, douze à peine finissent par la mort naturelle; quarante périssent par le poison ou par le fer. Parmi eux, six ont du moins l'avantage de tomber les armes à la main : ce sont Gordien II et Dèce, Gallus et Hostilien, Gallien et Maxence; deux autres, Maximien et Licinius, s'attirent la mort par leurs trahisons et ne sont pas surpris par le poison ou par l'assassinat. Valérien meurt après trois ans d'esclavage.

Quand on ne jugerait cet empire que par la triste fin de la plupart de ses chefs, on pourrait déjà y reconnaître la main de Satan, qui n'élève que pour renverser. Mais il est d'autres signes de l'intervention diabolique.

Sur cinquante-trois empereurs, quatorze régnèrent avec quelque gloire et firent le bonheur de leurs sujets. Ce furent Vespasien, Titus, Nerva, Trajan, Adrien, Antonin, Marc-Aurèle, Pertinax, Alexandre-Sévère, Gordien III, Claude II, Aurélien, Probus, Constance Chlore. Ce qui donne environ cent trente-neuf ans d'un gouvernement raisonnable. Nous ne comprenons pas dans cette durée les quatorze ans de Constance Chlore, parce que ce prince ne gouverna qu'une partie de l'empire. Sur ces cent trente-neuf ans de calme et de régularité à l'intérieur, il conviendrait de retrancher les années de persécution qui déshonorent la mémoire des Trajan, des Adrien, des Marc-Aurèle et des Aurélien. Mais en ce moment nous ne considérons pas les chrétiens. Cette remarque toutefois devait être faite, afin qu'il soit constaté que les meilleurs princes eux-mêmes semblent avoir été marqués d'un trait infernal.

Parmi les quatorze souverains que nous venons de nommer, cinq sont tués précisément pour le bien qu'ils ont voulu faire. Ce sont Alexandre Sévère, Gordien III, Aurélien, Pertinax et Probus. Pour Ta-

cite, les deux premiers Gordiens, Puppien et Balbin,
ils n'eurent que le temps de montrer leurs bons desseins. Cette seule manifestation fut l'arrêt de leur
mort. L'enfer est encore là; à ces coups l'on reconnaît son empire.

Auguste et Septime-Sévère possédèrent à un émi-
nent degré le talent de gouverner, mais avec qui les
ranger? Avec les bons princes? Ils n'en ont pas même
l'apparence. On ne les voit pas se préoccuper du bonheur ou de la gloire de leurs peuples; ils ne pensent
qu'à eux-mêmes, à leur propre personne, à leur élévation et à leur gloire individuelle. S'ils gouvernent
avec sagesse ou vigueur, ce n'est qu'en vue de leur
propre intérêt. Leur mort répond à leur vie; ils gardent le masque jusqu'au dernier soupir. Leur règne
fut un jeu, une comédie. Auguste et Sévère ne furent
pas des princes; ils furent, dans la mauvaise acception
du mot, ils furent des politiques.

Oublions et ce vieil avare nommé Galba, et ce juris-
consulte assez riche et assez cupide pour acheter l'empire; plaignons, en passant, Géta et Numérien. Une
mort injuste et violente ne leur laissa pas même le
temps de faire voir ce qu'ils eussent pu devenir.

Il y a peu de chose à dire sur les empereurs Macrin,
Philippe, Émilien, Carus et Carin.

Gallien est tout jugé : son règne est l'époque des
trente tyrans, qui toutefois ne furent ni trente, ni tyrans. Valérien, Dèce et Dioclétien furent persécuteurs. Nous y reviendrons.

Quel empire que celui qui mérita d'être gouverné
par tant et de si affreux monstres, qui accepta et sup-

porta Tibère, Caligula, Claude, Néron, Othon, Vi-
tellius, Domitien, Commode, Caracalla, Héliogabale,
Maximin, Maximien, Galère, Maxence! Ce qui donne
cent vingt-huit ans de la plus effroyable tyrannie qui
ait pesé sur le monde.

On sait maintenant quelles sont les forces dont l'enfer a pu disposer pendant les trois premiers siècles de
l'Église. Satan put alors se dire le prince du monde.
Il en tenait l'empire. S'il ne réussit pas à le garder,
on peut croire qu'il lui sera difficile de le reprendre;
s'il ne parvint pas à étouffer au berceau l'Église nais-
sante, si, alors qu'il était le maître de tout ce qu'il y
avait de puissance sur la terre, il se trouva trop faible
contre l'enfance de cette Église, il est permis de penser que contre cette même Église devenue grande
et forte il ne prévaudra pas. Avertissement aux césars
futurs, à ceux qui les mènent comme à ceux qui les
suivent contre le Seigneur et contre son Christ!

Résumons et avançons. Ce qui fit la grandeur du
siècle d'Alexandre, ce fut le triomphe de l'intelligence
et de la liberté par les Grecs.

Ce qui fit la grandeur du siècle de César et de Pierre
(vulgairement siècle d'Auguste), ce fut d'abord le
triomphe de la prudence et de la patience par les Romains : *Consilio et patientia;* puis la lutte engagée
entre Jésus-Christ et le monde, entre les représentants de l'un et de l'autre, entre Pierre et César. Mais
alors le combat ne fait que commencer; la victoire
complète n'apparaît encore que dans un avenir loin-
tain.

Or si l'heure à laquelle la gloire sonna pour les

Grecs, puis pour les Romains fut un instant solennel, que doit-on penser du moment où, après avoir vaincu le génie grec et la force romaine par son Évangile et par son Église, Jésus-Christ triomphera et de la politique des Césars et de l'habileté des sophistes? C'est ce qui se réalise à l'époque des Constantin et des Théodose, des Athanase et des Chrysostome, des Augustin et des Léon le Grand. La lutte, nous l'avons reconnu, est ici-bas une condition de grandeur. Jamais elle ne fut aussi universelle, aussi sérieuse, aussi élevée que durant cette période. Les héros de la Grèce et de Rome se battaient pour une domination ou pour une indépendance terrestre et temporelle. Les sophistes ne disputaient que pour briller; les philosophes sincères avaient trop beau jeu contre des adversaires non convaincus, qui ne déraisonnaient que par vaine gloire.

Les envoyés de Jésus-Christ paraissent. Ils réclament la soumission de toute intelligence et de toute volonté; ils attaquent à la fois toutes les erreurs et tous les vices. On s'explique la terreur des sophistes et des Césars, on conçoit la fureur des grands et des petits, on comprend le frémissement universel de tous les esclaves, couronnés ou non, de la volupté, de la cupidité, de l'ambition. On peut en juger d'après les transes et les rages de leurs successeurs modernes. Les sophistes et les politiques, les Césars et les peuples se sont donc ligués, et la lutte a duré trois cents ans. Quel sera le siècle préparé par un tel combat?

Soudain la croix brille dans les airs. Signe de victoire, je le sais; mais jamais la mêlée ne devient plus formidable qu'à l'heure du suprême effort qui doit déclarer le vaincu et le vainqueur. Aussi l'enfer et le ciel mettent en ligne des hommes dont les pareils n'avaient jamais été vus et n'ont pas encore été revus depuis.

Vainqueur par la Croix, Constantin s'incline devant le représentant de Celui qui vient de lui assurer l'empire; et son premier acte est de donner en retour la paix et la liberté à l'Église de Jésus-Christ.

Mais, ici-bas, si pour l'Église il est des triomphes, il n'est pas un instant de calme et de tranquillité. Le fer du bourreau a cessé de frapper; et voici que l'hérésie, née dès les premiers jours du Christianisme, grandit et prend des proportions effrayantes. Tous les dogmes du *Credo* triomphant vont être attaqués l'un après l'autre.

La Trinité, fondement de la foi chrétienne, est niée par Sabellius; la divinité de Jésus-Christ, par Arius; la divinité du Saint-Esprit, par Macédonius. Nestorius divise Jésus-Christ en deux personnes et refuse à Marie l'honneur de la maternité divine. Eutychès, au contraire, confond en Jésus-Christ les deux natures. Pélage nie le péché originel et la nécessité de la grâce. Encore un peu : la foi va disparaître et périr au sein même de sa victoire.

Enfin, par un effort suprême, l'enfer a uni dans un seul personnage la puissance impériale et la pseudophilosophie, le politique et le rhéteur; il jette au plus fort de la mêlée un César sophiste, un chrétien apostat, un Julien.

Levez-vous donc et avancez, nobles défenseurs de

la foi et du nom de Jésus-Christ. Et voici les Athanase d'Alexandrie et les Hilaire de Poitiers, les Basile le Grand et les Grégoire de Nazianze, les Cyrille de Jérusalem et les Martin de Tours, les Jean Chrysostome, les Jérôme, les Ambroise, les Augustin, les Cyrille d'Alexandrie : incomparable série de docteurs et de saints qui se terminera par Léon le Grand.

En vain le sophisme et l'hérésie s'abriteront sous le manteau de la protection impériale des Constance et des Valens. Alors, comme au temps des Socrate, des Platon et des Aristote, le génie du vrai lutte contre le génie du faux ; mais le génie n'est plus seul, il est illuminé, élevé, transformé par la foi. Alors, comme aux temps apostoliques, la foi lutte contre l'erreur et la passion liguées pour la détruire ; mais la foi, après avoir démontré que seule elle se suffit pour vaincre, ne dédaigne pas de s'associer la science et l'art, la philosophie et l'éloquence. Le sophisme et l'hérésie s'évanouissent en fumée, foudroyés par le double feu du génie et de la foi.

Comment ce siècle n'effacerait-il pas celui des philosophes, des poëtes et des orateurs de la Grèce ? Comment ne surpasserait-il pas celui où la théologie ne faisait que débuter ?

Je reconnais la supériorité de l'inspiration dans les apôtres et les évangélistes, je sais combien l'illumination surnaturelle de l'Esprit-Saint et la révélation immédiate du Verbe incarné l'emportent sur les lumières simplement naturelles de la raison humaine ; mais les apôtres n'ont pas écrit pour un siècle seulement ; Jésus-Christ n'a pas révélé pour un temps ; l'Esprit-

Saint n'est pas descendu sur l'Église pour un jour : l'assistance du Saint-Esprit est permanente dans l'Église, la révélation chrétienne s'adresse à toutes les nations : *Docete omnes gentes;* à tous les temps : *Ecce ego vobiscum sum usque ad consummationem sæculi;* les apôtres ont écrit pour tous les peuples et pour tous les âges. Viennent donc des hommes de foi et d'intelligence, qui, s'appuyant sur la révélation et sur la philosophie, s'éclairant de la lumière surnaturelle et de la lumière naturelle, s'animant de l'inspiration de l'Esprit-Saint et de l'inspiration de leur génie personnel, unissent et rassemblent les prophètes avec les poëtes, les apôtres avec les philosophes, l'ancien et le nouveau Testament avec les plus beaux enseignements de la sagesse humaine, qui, elle aussi, vient de Dieu : alors le génie, transformé par la foi, et la foi, secondée par le génie, enfanteront des œuvres que rien ne saurait égaler.

Le *Timée* et la *République* de Platon s'effacent devant la *Trinité* et la *Cité de Dieu* d'Augustin, le Platon chrétien. La voix tonnante de Démosthène ne domine pas les foudres qui s'échappent des lèvres de notre Bouche d'Or.

Vainement donc le César sophiste et rhéteur, l'apostat Julien prétend interdire aux chrétiens les écoles des sciences et des lettres. Les Basile et les Grégoire, les Ambroise et les Jérôme se sont emparé de tout ce qu'il y a de vrai, de bon et de beau dans les chefs-d'œuvre de la sagesse, de l'éloquence et de la poésie antique. Israël a de nouveau dépouillé l'Égypte. Il ne reste plus aux rhéteurs et aux sophistes d'Athènes et d'Alexandrie que la phrase sonore, mais vide, que la forme d'un syllogisme dont la majeure est fausse et la conséquence extravagante.

A la seule pensée des calamités qui menacent la double société civile et religieuse, que de chrétiens aujourd'hui gémissent et tremblent! Ah! s'ils voyaient le pouvoir absolu sur tout l'univers civilisé aux mains d'un seul homme, et si cet homme était un Julien, quel effroi, juste ciel! quelle angoisse! quel tremblement!

Or cela s'est vu. Mais un trait entre mille peut les rassurer.

Jésus avait dit du temple de Jérusalem qu'il n'en resterait pas pierre sur pierre. Julien annonça qu'il ferait mentir le Galiléen. Il y eut des chrétiens qui se prirent à trembler. Julien se mit à l'œuvre. Par son ordre, tout ce qui restait des vieux fondements du temple fut enlevé. Et les mêmes chrétiens tremblaient encore. Hommes de peu de foi! Sans le vouloir, l'apostat s'est donné la mission d'accomplir la prédiction de Jésus. Regardez donc et voyez. C'en est fait ; grâce à Julien, de tout ce temple, il ne reste pas pierre sur pierre. Et vous tremblez! Demain, je le sais, de nouveaux fondements doivent être posés. Tels sont les ordres de César, tel est son plan. Le jour fatal vient de luire. Les travailleurs s'empressent, les fondements nouveaux sont placés. L'heure du triomphe va sonner... Mais les voyez-vous, ces pierres, s'élancer de toutes parts, rejetées par un feu qui, comme pour se jouer de l'apostat, poursuit les ouvriers et imprime sur leurs vêtements la marque de la croix?

Sophistes et rhéteurs, scribes et légistes, apostats
et politiques, levez-vous. Que ce soit pour relever
ce que Dieu a renversé, ou pour renverser ce que
Dieu a élevé, il n'importe. Quoi que vous fassiez,
vous nous permettrez, n'est-il pas vrai, vous nous
permettrez bien de sourire à la vue des succès bril-
lants dont vos efforts sont couronnés. De notre côté,
on tremblait, on pleurait; du vôtre, on applaudissait,
on triomphait. Et voici que vos attaques sont pour
nous des victoires, et que vos triomphes se terminent
par la déroute. Rappelez-vous Mentana.

Va, cependant, va, Julien, poursuis ta route. Alexandre nouveau, va conquérir la Perse. A ton retour, tu
l'as juré, les chrétiens seront exterminés. Mais Julien
ne revint pas. Un trait lancé au hasard l'atteignit et
le renversa, et l'apostat, recueillant le sang qui cou-
lait de sa blessure, le jeta vers le ciel en s'écriant :
« Tu as vaincu, Galiléen. » Le Galiléen, depuis, en
a vaincu bien d'autres.

L'Église a triomphé de la fureur des hérésies et de
l'effort suprême du paganisme. Un troisième adversaire se présente, c'est la barbarie.

Mais j'allais oublier une autre barbarie propre à
la civilisation impériale de Rome païenne : je veux
dire la barbarie des lois. Grâce à l'influence chrétienne, Constantin d'abord, puis le grand Théodose
réforment peu à peu les inhumanités du Code. L'esclavage surtout reçoit une rude atteinte; et s'il ne disparaît pas tout à coup et tout à fait sous l'action de la
liberté que Jésus-Christ est venu donner au monde,
c'est que l'Église n'a pas l'habitude de procéder par

ces violentes secousses qu'on appelle ouragans et tempêtes dans l'ordre physique, révolutions dans l'ordre social.

D'ailleurs, les frères des esclaves s'apprêtent à les venger. Contenus par la forte main des Constantin et des Théodose, les Barbares, sous les faibles successeurs de ce dernier, rompent enfin toutes les digues.

Du côté de l'Orient, la ville de Constantin les arrêtera. Sommé par Attila d'acheter la paix à prix d'or, le brave et pieux époux de la magnanime et très-catholique Pulchérie, Marcien, répond en vrai Romain : « J'ai de l'or pour mes amis, et du fer pour mes ennemis. »

Mais, par son obstination païenne, l'ancienne Rome, ivre encore du sang des martyrs, a provoqué le courroux divin. Le faible Honorius fait assassiner le seul homme qui pût sauver l'empire, Stilicon, vainqueur des Alaric et des Radagaise. Poussé par Dieu contre Rome, comme il le déclare lui-même, Alaric livre au pillage la Babylone de l'Occident. Seules, les églises des chrétiens sont épargnées. *Initia dolorum hæc.*

Voici le fléau de Dieu. L'herbe ne pousse plus là où a passé le cheval d'Attila. A l'approche du ravageur, tout tremble. Des évêques, saint Aignan à Orléans, saint Loup à Troyes, sauvent leur ville épiscopale. Une simple bergère, Geneviève, obtient de Dieu par sa prière le salut de Paris et des Gaules. Enfin les peuples dont la fusion formera la grande nation française, les Bourguignons, les Visigoths, les Francs, les Gaulois, les Romains, unis sous la conduite d'Aétius, écrasent dans les plaines de Châlons les cinq cent mille guerriers d'Attila. Le Barbare s'enfuit et se retourne contre Rome.

Depuis Constantin, les empereurs avaient abandonné la Ville éternelle. La majesté de la terre eût pâli auprès de la majesté du ciel. A l'approche d'Attila, le César d'alors vint se renfermer à Rome, non pour la défendre, mais pour s'y réfugier. C'est donc au Pape que revient le périlleux honneur de sauver la vieille capitale. Or, au moment où Attila marchait sur Rome, le siége de saint Pierre était occupé par un pontife que le danger n'effrayait pas. Léon le Grand, qui avait eu le courage et la gloire de porter le dernier coup aux grandes hérésies d'Orient, n'était pas homme à trembler devant la force brutale. Sans autre armure que la dignité de son sacerdoce royal, le pontife s'avance au-devant du *fléau de Dieu*. A la vue du représentant de la plus haute puissance qui soit au monde, le géant de la barbarie se trouble, il recule, et s'en va mourir dans une orgie.

Aétius et Boniface étaient les deux seuls hommes capables de soutenir l'empire d'Occident. Des intrigues de cour les divisent. Boniface, calomnié, cède aux premiers emportements de la vengeance et ouvre l'Afrique à Genséric et à ses Vandales. Un jour ce Genséric monta sur son navire. « Où allons-nous, demanda le pilote ? — Laisse aller, répond le Barbare ; le souffle du vent nous poussera vers les peuples que Dieu veut châtier. » Cette fois le vent poussait encore sur Rome. Mais cette fois encore Léon le Grand fut assez puissant pour modérer du moins la fureur du Vandale.

Les défenseurs de Rome en deviendront les rois, et de toutes les origines du pouvoir, aucune ne sera plus légitime et en même temps plus populaire.

Je conclus. L'histoire n'a pas encore offert le spectacle d'une lutte aussi solennelle et aussi capitale que celle qui remplit les quatrième et cinquième siècles. Hérésie, apostasie, barbarie, Arius, Julien, Attila, d'une part; Constantin et Théodose, Athanase, Basile, Chrysostome, Ambroise, Augustin, Léon le Grand d'autre part, (et j'omets des noms fameux dans les deux camps), c'est plus qu'il ne faut pour immortaliser cette période. En deux mots, si le siècle des Socrate et des Alexandre est grand, parce qu'il prépare de loin l'unité chrétienne; si le siècle de César et de Pierre est plus grand, parce qu'entre César et Pierre apparaît Jésus-Christ; le siècle où Jésus triomphe sur les intelligences par la foi et par le génie de ses docteurs, où il domine la force matérielle par la magnanimité de ses saints et de son lieutenant, nous semble encore plus grand.

VII

Rome a perdu l'empire politique; César a disparu, mais Pierre le remplace. Cependant le monde entre dans la nuit, double nuit, celle de l'hérésie en Orient, celle de la barbarie en Occident. Mais au sein de la nuit les éclairs brillent. Ici c'est Clovis, devenu le roi très-chrétien; là c'est Benoît, qui par sa règle civilisera les nouveaux peuples. En Orient Justinien recueille les lois et en fait de sages; mais il met la main sur le Pape, et Dieu le châtie. Grégoire-le-Grand établit dans le monde l'ordre et l'harmonie. — Mais voici Mahomet. Le cimeterre d'une main, la coupe des plaisirs dans l'autre, il s'avance criant à tous : Jouis ou meurs, sois l'esclave de la volupté, sinon la mort. Tel est le secret de bien des triomphes. — Et pendant ce temps les empereurs d'Orient font de la théologie, ou plutôt de l'hérésie. La défense de l'Église sera confiée à d'autres mains.

Charles a juré de défendre Pierre, il sera le *marteau* des musulmans. Son fils Pépin assurera la liberté temporelle du Pape; son petit-fils sera Charlemagne. Celui-ci, comme le déclare son nom et son surnom, sera le roi *fort* et *grand*, parce que en tête de ses lois il reconnaît que c'est Jésus-Christ qui est le Roi et que lui, Charles, n'est que l'humble auxiliaire de la sainte Église de Dieu. Couronné empereur ou chef suprême de la chrétienté par le Pape saint Léon III, cet homme, unique dans l'histoire, consacrera son génie et sa force au service de Celui à qui toute-puissance a été donnée sur la terre comme au ciel, et qui à son tour donne la puissance comme il lui plaît et comme il convient à ses desseins de miséricorde ou de justice sur les peuples.

Après Charlemagne le monde rentre dans l'ombre. Les successeurs de Charles ne sont pas à la hauteur de leur mission. Les invasions normandes arrêtent un instant le progrès, mais pour l'accélérer sous peu par leur mélange avec tous les peuples qui avancent. L'Allemagne se divise et se morcelle sous la lourde main des empereurs germaniques. L'Espagne, sous la conduite de Pélage et des vaillants héritiers de son idée, engage et poursuit contre le Coran une lutte qui durera huit siècles. Convertie à la foi par l'envoyé de Grégoire-le-Grand, civilisée par Alfred-le-Grand, la grande île européenne s'apprête à prendre son rang dans la marche des siècles. L'Orient, par des hérésies sans cesse renaissantes, se prépare au schisme qui le livrera tout entier à la barbarie mahométane. Dieu appelle sur le trône très-chrétien une race nouvelle, prudente et forte. Sous la main royale et paternelle des descendants de Robert-le-Fort, peu à peu se formera la grande nation qui se nomme la France. Une époque longue et solennelle va s'ouvrir. On peut dater son début de l'avénement de saint Grégoire VII au trône pontifical (1073) et sa fin de la mort de saint Louis (1270).

Si pour un grand siècle vous réclamez de grandes luttes, engagées entre des adversaires puissants, sur des intérêts de l'ordre le plus élevé, si vous demandez le triomphe de ce qui est juste et saint, le triomphe de la vérité dans l'ordre intellectuel, de la justice dans l'ordre moral, de l'idéal dans l'ordre artistique, de la foi et de la charité dans l'ordre religieux, si vous décernez la palme au siècle qui a le plus entrepris, le plus souffert et le plus réalisé pour avancer le règne de Jésus-Christ par l'Église, aucune époque ne peut le disputer à celle qui, pour la chrétienté, ne fut qu'une longue lutte au dedans et au dehors : au dedans entre le sacerdoce et l'empire, au dehors entre la croix et le Coran.

Certains philosophes et certains historiens ont vu

dans le moyen âge un temps de servilisme et de servitude. Le moyen âge comprend dix siècles (de la chute de l'empire romain d'Occident à la chute de l'empire romain d'Orient). Cette période fut-elle le cycle de l'esclavage? Examinons.

Et d'abord je reconnais qu'alors il se rencontra des hommes qui aspirèrent à la domination absolue, quelques-uns même à la monarchie universelle. Les Guillaume et les Henry en Angleterre, les Henry et les Frédéric en Allemagne, prétendaient asservir et les peuples et les grands, et les évêques et les papes, en un mot, la double société civile et religieuse, l'État et l'Église.

En dehors de la chrétienté, les successeurs du Prophète s'étaient promis de fonder l'empire du Coran sur l'extermination des chrétiens.

La liberté se trouvait donc partout menacée. Mais Dieu suscita un héros, un saint, un libérateur. Ce fut le moine Hildebrand, devenu saint Grégoire VII.

Sur les traces de cet homme fort et libre, et en vertu de l'impulsion qu'il avait donnée, les Anselme et les Alexandre III, les Thomas Becket et les Innocent III, les Grégoire IX et les Innocent IV, par leur courage et, au besoin, par leur sang, assurèrent à l'Église et au sacerdoce l'indépendance que lui disputait la royauté politique.

D'ailleurs, l'époque qui donna les Guillaume II et les Henry II d'Angleterre, les Henry IV et V ainsi que les Frédéric I et II d'Allemagne, vit aussi naître des ministres d'État comme Suger et des rois comme les Alphonse, les Jacques le Conquérant, et les saint

Ferdinand en Espagne, comme les Philippe-Auguste et les saint Louis en France. Ces grands rois furent, il est vrai, conquérants; mais leurs conquêtes étaient la délivrance des peuples opprimés.

Enfin, reprenant l'idée de saint Grégoire VII, dont il fut le confident, Urbain II a entendu et compris les accents de l'ermite Pierre. A la voix du Pontife, ces grands et puissants seigneurs que de mesquines jalousies voudraient transformer en oppresseurs et en tyrans, se croiseront pour la délivrance de leurs frères d'Orient aux cris mille fois répétés de : DIEU LE VEUT !

Tels sont les temps que des hommes qui se disent libéraux voudraient rayer de l'histoire, au nom de ce qu'ils appellent les principes et les idées modernes, au nom de la liberté, au nom des droits de l'homme. Pour eux, l'histoire commence en 89 ; comme si, avant eux, les peuples n'eussent connu que la servitude et eussent ignoré leurs droits.

Dieu nous préserve de répudier ce qu'il y eut de noble et de légitime dans certaines aspirations de 89. Après un siècle comme celui du Régent, de Louis XV et de Voltaire, une réaction était nécessaire. Ce fut, il est vrai, le contraire qui se fit.

Mais la Révolution eût-elle été ce qu'elle devait être, c'est-à-dire la simple réforme des abus, nous ne laisserions pas, et comme Français et comme Catholiques, de reprendre plus haut notre double histoire. Pour nous, l'histoire de France date du baptême de Clovis, et l'histoire de l'Église commence au jour de la Pentecôte. Car avec le baptême de Clovis com-

mence la liberté des Gaules, affranchies enfin de la
domination romaine et de la tyrannie arienne ; et avec
la Pentecôte commence la liberté du monde, affranchi
du joug des faux dieux et de leurs suppôts humains.

Revenons au moyen âge. « Les empereurs nom-
maient aux évêchés, dit Voltaire ; Henry IV les ven-
dait. » Saint Grégoire VII s'arme d'un zèle aussi
constant que patient contre les évêques simoniaques
et scandaleux, et il retire au roi allemand l'investiture par la crosse et par l'anneau, symboles du pouvoir
spirituel. La lutte fut terrible. On vit tour à tour
Henry, revêtu de l'habit de pénitent, aux portes de
Canosse, implorer humblement son pardon ; puis,
Grégoire assiégé dans le château Saint-Ange et près
de tomber aux mains du tyran. Délivré, mais un peu
tard, par le Normand Robert Guiscard, le Pape va
mourir à Salerne, disant : « J'ai aimé la justice, c'est
pour cela que je meurs en exil. » Henry, rejeté par
l'indignation universelle, poursuivi par ses propres
enfants, est réduit à demander pour vivre une place
de chantre, qui lui est justement refusée à raison de
son excommunication. — Mais quelle différence entre
ces deux hommes ! L'un meurt victime de son zèle ;
sa cause triomphera : c'était la cause du droit et de
la liberté. L'autre meurt victime de son ambition ;
sa cause est perdue : c'était la cause de la violence
et du despotisme.

La lutte va recommencer. Frédéric Barberousse
veut s'entendre avec le Pape pour se partager le
monde. Il laisse au Pontife le pouvoir spirituel, reven-
diquant pour lui-même l'empire universel sur toutes

les nations. Au même temps, Henry II, en Angleterre,
rencontrait à des projets analogues une invincible
opposition de la part de Thomas Becket, qui payait de
son sang sa libre résistance. Mais la liberté ne périra
pas : car Dieu a donné au monde un Pape qui se
trouve à la hauteur des circonstances. Ecoutons un
témoignage peu suspect : « L'homme, dit encore
Voltaire, qui dans le moyen âge a mérité le plus du
genre humain, est le pape Alexandre III. Ce fut lui
qui triompha dans Venise, par sa sagesse, de la violence de l'empereur Frédéric Barberousse, et qui
força Henry II, roi d'Angleterre, de demander pardon à Dieu et aux hommes du meurtre de Thomas
Becket ; il ressuscita le droit des peuples et réprima le
crime dans les rois. »

Frédéric humilié se repentit, il se croisa. Mais au
moment où son génie allait assurer le triomphe du
nom chrétien en Orient, il périt dans les eaux du
Cydnus.

Son petit fils Frédéric II dut la couronne à la protection d'Innocent III. Ce grand pape fut le défenseur
de tous les droits. Il contraignit Philippe-Auguste à
respecter la sainteté du mariage. Redevenu grand,
le roi, par la victoire de Bouvines gagnée sur un empereur excommunié, affermit l'indépendance nationale de la France et l'indépendance religieuse de
l'Eglise. En retour, la vigilance d'Innocent, secondée
par l'héroïsme de Simon de Montfort et par le zèle
de saint Dominique, préserva la France et le monde
de la corruption manichéenne que les Albigeois venaient de ressusciter.

Cependant à la mort du grand Pape, Frédéric II joua le rôle du serpent. Il se tourna contre l'Eglise qui l'avait réchauffé dans son sein. Mais Grégoire IX et Innocent IV, par leur sage fermeté, sauvèrent encore la liberté et réprimèrent le tyran.

Tandis que, par sa résistance aux prétentions de l'empire, le sacerdoce maintient l'indépendance religieuse et civile de la chrétienté, la lutte se poursuit contre le plus formidable ennemi du nom chrétien.

En Espagne, les successeurs de Pélage reprennent une à une les provinces envahies par l'Islamisme. C'est d'abord la fameuse bataille d'Ourique (1139), gagnée sur cinq rois maures par Alphonse le Conquérant. Puis, la grande victoire de las Navas de Tolosa (1212), remportée par l'Espagne coalisée, prépare le règne de ce Jacques le Conquérant qui, pendant soixante-quatre ans de combats, ne fut jamais vaincu, gagna trente victoires et fonda deux mille églises. Enfin les conquêtes de Ferdinand III le Saint, roi de Castille et oncle de notre saint Louis, ne laissent plus aux envahisseurs que la seule Grenade.

Or à ce moment la puissance musulmane était loin de baisser. Jamais, au contraire, elle ne s'était montrée si menaçante. Thogrul, Malek-Schah, Nur-Eddin, Saladin, Almohadan ajoutaient conquêtes à conquêtes. Sans les croisades, le monde entier passait sous le régime du cimeterre.

Il n'est pas jusqu'au Bas-Empire qui ne reprenne alors une vie qu'on pouvait croire éteinte à tout jamais. On retrouve, il est vrai, toute la fourberie grecque dans les Alexis, les Jean et les Manuel Comnène; mais on ne peut refuser à ces trois princes une valeur et une capacité supérieures.

L'Asie centrale remue rarement. Mais quand elle s'agite, le monde est ébranlé : car ce ne sont pas des armées, ce sont des peuples entiers que le torrent de l'Hymalaya entraîne dans sa course. Or, comme s'il fallait que tous les genres de grandeur fussent représentés à cette époque, on vit alors l'invasion la plus gigantesque qui depuis Attila eût effrayé les nations. Avec une rapidité qui ne s'explique pas, Genghiskan étend sa domination sur toutes les contrées de l'Asie. Et si l'Europe échappe aux successeurs du redoutable Mongol, elle le doit au dévouement de l'héroïque Pologne. On sait quelle a été et quelle est encore la reconnaissance des peuples européens ?

On serait infini s'il fallait rappeler toutes les gloires de cette période au seul point de vue de l'action militaire. La lutte est partout, et partout dans les proportions d'une grandeur inouïe jusque-là et depuis. Et cependant à peine avons-nous indiqué les deux gloires les plus pures et les plus brillantes en ce genre : les croisades et la chevalerie.

La croisade est l'union des grands et des peuples s'élançant, à la voix des Papes, pour délivrer le tombeau de Jésus-Christ et pour arrêter l'invasion du Coran.

La chevalerie, institution plus chrétienne encore que militaire, est comme une croisade permanente. C'est la force et le courage se consacrant, par un engagement spécial, à défendre la faiblesse contre la violence, contre l'abus de la force et du courage.

Les héros des croisades se nomment Godefroy de Bouillon, Robert de Normandie, Raymond de Toulouse, Bohémond de Tarente, Tancrède, Conrad III, Louis le Jeune, Frédéric Iᵉʳ (Barberousse), aussi grand depuis sa paix avec le Pape qu'il avait été féroce durant sa lutte contre l'Italie, Richard Cœur-de-Lion, Philippe-Auguste, André de Hongrie, Jean de Brienne, enfin saint Louis, plus grand, plus libre, plus roi dans les fers que sur le trône, plus majestueux sur la cendre où il est étendu mourant, que lorsque du haut de son destrier il abattait l'Anglais ou terrassait le Musulman.

Les ordres de chevalerie sont connus de tout le monde. Qui peut ignorer, qui oserait mépriser les hauts faits des chevaliers de Saint-Jean de Jérusalem, la défense de Rhodes par d'Aubusson, la grandeur d'âme de l'Isle-Adam qui sans la trahison eût sauvé Rhodes une seconde fois, l'héroïque fermeté de Lavalette tenant en échec toutes les forces du Grand Turc ! Ces faits, je le sais, appartiennent à un autre âge. Mais l'arbre qui produisit ces dévouements appartient par ses racines à l'époque des croisades.

La défection des chevaliers du Temple et des chevaliers teutoniques peut consoler les détracteurs de toutes les institutions nobles et religieuses ; mais ces grandes apostasies n'appartiennent pas au moyen âge, elles sont le fait des temps et des pays où l'on sourit quand il est question d'honneur.

Nous ne ferons que nommer les ordres religieux et militaires d'Alcantara, de Calatrava, de Saint-Jacques et d'Avis, institués par les rois chrétiens d'Espagne, pour opposer le pur dévouement au fanatisme aveugle des Musulmans.

Ces divers ordres représentent l'élite de la chevalerie; mais en dehors de ces institutions spéciales et religieuses, on peut dire que tous ceux qui alors sentaient un cœur généreux battre dans leur poitrine se faisaient un devoir et un honneur de s'enrôler dans les rangs des chevaliers laïques. Or l'esprit chevaleresque exerça sur la société le plus salutaire influence.

« Nul doute, » dit Mgr Daniel dans son histoire universelle, autorisée par le ministre de l'instruction publique, et par conséquent peu suspecte de partialité en faveur du moyen-âge, « nul doute que la cheva-« lerie n'ait reçu des croisades son plus grand déve-« loppement et son meilleur éclat... Rester fidèle à « Dieu, à sa parole et à son honneur; protéger les « femmes, les orphelins, les voyageurs : tels étaient « les serments du jeune noble, lorsque, après avoir « été page, puis écuyer, il était admis dans l'ordre de « la chevalerie. Ce fut une milice de héros, qui, « malgré les faiblesses ou les désordres de quelques-« uns de ses membres, a enseigné au monde moderne « le culte de l'honneur et une délicatesse de senti-« ment inconnue de l'antiquité païenne. »

On peut ajouter que la chevalerie ne fut au fond que la régénération d'une autre institution qui, après avoir été longtemps la sauvegarde de la sécurité, de la liberté et de la propriété, avait alors besoin d'être ramenée à sa fin primitive et principale. Nous avons en vue le système féodal dont l'essence se résume en deux mots : protection du plus faible par le plus fort;

assistance donnée au fort par les faibles ligués sous sa conduite pour la défense commune de tous les droits.

Le vassal s'engageait à défendre l'honneur, la liberté, la vie de son seigneur ; s'il manquait à son serment, il pouvait être dépossédé comme traître ou félon, par la sentence de ses pairs, siégeant en cour de justice.

Le suzerain, de son côté, devait à son vassal aide et protection, sous peine de perdre ses droits.

Ce régime fut nécessaire tant que la royauté ne fut pas assez forte pour défendre le peuple contre l'invasion normande ou musulmane, et contre la violence de quelques individus puissants ou des bandes populaires qui abusaient de la force ou du nombre. Car il convient de ne pas l'oublier : si, dans le cours du moyen âge, il se rencontra des comtes et des barons qui, au mépris de leur serment et contre la loi même du régime féodal, se firent les tyrans de ceux qu'ils devaient protéger, on vit aussi, plus d'une fois, des troupes de gens sans aveu, vile populace qu'il ne faudrait pas confondre avec le vrai peuple, qui, transformés en brigands, n'épargnaient pas plus la commune que le château, et massacraient indistinctement le paysan, l'ouvrier, le bourgeois et le seigneur.

Alors du moins l'abus de la force, qu'il vînt des grands ou du peuple, n'avait pas été proclamé comme un droit : la tyrannie et l'émeute n'étaient que locales et temporaires, et la révolution ne constituait pas l'état permanent de la société.

Du reste, les déclamations contre la barbarie de quelques seigneurs féodaux, compensée par la générosité de tant d'autres, peuvent étonner dans un siècle qui a supporté Robespierre, Danton, Marat, et d'autres encore, qui, en dix ans, ont fait couler plus de sang (et quel sang !) que tous les seigneurs féodaux dans l'espace de dix siècles.

Il est un autre grief contre la féodalité, et par là même contre l'Église, qui, au moyen âge, s'associait au régime féodal, comme elle s'était associée auparavant et comme elle s'associa depuis aux autres formes de la société civile. Ce grief, c'est le servage. Mais le servage n'appartient ni au régime féodal, ni au moyen âge. Pas au régime féodal : on l'a vu en des pays où n'exista jamais cette forme de gouvernement, en Russie, par exemple, et en Pologne. D'ailleurs les communes, les bourgeois, eurent leurs serfs aussi bien que les seigneurs féodaux.

Le servage n'appartient pas au moyen âge. Il remonte plus haut, il dure après.

Il remonte plus haut, et sous une forme bien autrement rigoureuse. Avant le moyen âge, partout se retrouve l'esclavage. L'Église survient, elle pénètre dans la société ; et lorsqu'enfin il lui est donné de se mêler à la politique, c'est-à-dire au gouvernement et à la législation des peuples, ne pouvant abolir immédiatement l'esclavage, du moins elle le transforme. L'esclave était comme la chose du maître, pour lequel seul il travaillait et produisait. Le serf, il est vrai, est tenu à cultiver le sol d'autrui, la terre du seigneur féodal ou du bourgeois communal. Mais dès qu'il a remis aux mains du propriétaire ce qu'il lui doit en argent ou en nature, il travaille et gagne pour son propre compte. Sa famille lui appartient. Il a son existence civile et religieuse. Il peut prendre rang dans le clergé séculier et régulier, monter même sur le siége de saint Pierre.

Le servage enfin a survécu au moyen âge et à la féodalité. A peine vient-il d'être aboli en Russie.

Du reste, l'indignation sur la condition des serfs peut paraître factice sous la plume de ces écrivains si calmes et si froids à la vue de ces multitudes d'ouvriers que l'industrie contemporaine condamne au pire de tous les servages, au plus cruel de tous les esclavages, à celui de la faim et du travail forcé. Vous avez rasé le château féodal, mais vous l'avez remplacé par l'usine. L'Église et la noblesse avaient aboli le servage, vous l'avez remplacé par le paupérisme. Vous plaignez les anciens serfs : ils ne se plaignaient pas, ils ne se trouvaient pas malheureux. On ne les vit pas se soulever. Ils le pouvaient cependant. Les exemples ne manquaient pas. Ils n'avaient qu'à se joindre à ces bandes de fainéants volontaires, écume des cités, qui de temps à autre dévastaient les campagnes. Ils le pouvaient tout aussi bien que ces masses, si serviles, de nos jours, sous la main de la révolution. Ils le pouvaient : on n'avait pas encore inventé pour les contenir, ces armées permanentes, ces garnisons, ces casernes, ces forts détachés et combinés, ces légions de gendarmes et de sergents de ville qui, par cela même qu'ils sont devenus nécessaires, sont aussi un des signes les moins équivoques du progrès de la civilisation et de la fraternité moderne sur la barbarie du moyen âge! Pourquoi donc le serf ne songeait-il pas à se révolter ?

C'est que son sort était bien supérieur à celui de l'ouvrier de la fabrique et de l'usine. En effet, le propriétaire du sol avait intérêt à ménager le serf et à le protéger, afin d'avoir sous ses ordres le plus grand nombre d'hommes possible. Le maître de l'usine ou de la fabrique ne compte pas les hommes, mais les produits et les pièces d'or. Que dix, vingt ouvriers succombent à la peine ou à la misère, que lui importe? En voici quarante, cent qui meurent de faim et qui attendent la place du travailleur enlevé par la mort ou par la maladie.

Je sais qu'il est des exceptions, et qu'il se rencontre dans les rangs de l'industrie des hommes qui sont la providence de l'ouvrier et du pauvre; mais en ce siècle d'indifférence religieuse et d'égoïsme mercantile, la charité dans cette classe de la société est malheureusement une exception; au lieu qu'aux âges de foi et de dévouement, l'oppression était l'exception, et la charité la règle, comme l'attestent les innombrables fondations établies pour tous les genres de misère par ces *barbares* seigneurs, comme l'atteste l'institution même de la chevalerie.

Disons encore, pour en finir avec les serfs, que c'est précisément au moyen âge que revient l'honneur de l'affranchissement de l'homme.

Les premiers siècles de cette longue période transforment l'esclave en serf: premier progrès; la seconde affranchit le serf: second progrès. S'il restait encore des serfs en 89, ne vous en prenez pas aux hommes des douzième et treizième siècles; ils ne pouvaient d'un seul coup abolir un abus dont l'origine se perd dans la nuit des temps ; prenez-vous-en aux révolutions religieuses qui ont rompu brusquement l'action libératrice de l'Église.

Il faudrait maintenant un discours entier pour examiner, au point de vue intellectuel et moral, la *barbarie* de cette époque. Indiquons seulement les points saillants.

L'éloquence, par l'organe d'un saint Bernard, produit alors des effets qui surpassent tout ce qu'on raconte des Démosthène et des Cicéron, des Chrysostome et des Augustin, tout ce qu'on dira plus tard des Segneri, des Bourdaloue et des Bossuet.

La philosophie, libre et hardie jusqu'à l'excès, comme ne le prouvent que trop les luttes fameuses des Réaux et des Nominaux, ainsi que les témérités des Abailard, des Gilbert de la Porrée et des Amauri de Chartres, la philosophie atteint une hauteur qui n'a pas encore été dépassée, parce que alors enfin elle s'unit à la théologie dans les doctes leçons des Lanfranc, des saint Anselme, des saint Bernard, des Hugues et des Richard de Saint-Victor, des Pierre Lombard, des Alexandre de Alès, des Albert le Grand et des saint Bonaventure, étonnantes intelligences entre lesquelles s'élève le prince des philosophes et des théologiens, le disciple d'Aristote et de saint Augustin et par là même de Platon, l'égal de ces trois puissants génies, l'ange de l'école, qui, avec saint Bonaventure, son admirateur et son ami, est le dernier que l'Église ait honoré du titre de docteur : vous avez reconnu saint Thomas d'Aquin.

Il est vrai que ces esprits vraiment supérieurs et

complets ont eu la simplicité de penser que l'application de la philosophie aux vérités de l'ordre surnaturel était le plus noble emploi qu'on en pût faire, et que tout en reconnaissant à la raison le droit et le devoir de démontrer par elle-même et sans le secours de la foi les vérités primordiales, telles que l'existence de Dieu et sa providence, la spiritualité de l'âme, sa liberté et son immortalité, et enfin les principes de la loi morale, ils ont mis au premier rang l'étude et l'enseignement des dogmes révélés, subordonnant la raison et la parole humaine à la raison et à la parole divine, la philosophie à la théologie.

Mais c'est précisément à cette élévation qu'ils doivent le coup d'œil d'ensemble qui a produit, dans l'ordre scientifique, ces monuments gigantesques, ces Sommes de théologie où se trouve condensé avec un ordre parfait tout ce qu'il est donné à l'homme de savoir, soit par la seule raison, soit par la foi : monuments de science auxquels répondent, dans l'ordre artistique, ces cathédrales, non moins grandioses, où s'unissent tous les secrets de la mécanique et de la statique, toutes les conditions de l'élégance et de la solidité, tous les arts, architecture, peinture, sculpture et musique, s'accordant pour représenter toutes les merveilles de l'ordre naturel et de l'ordre surnaturel dans le temple du Dieu créateur et révélateur.

Nommons seulement Notre-Dame de Paris, Chartres, Amiens, Bourges, Reims, Strasbourg, Cologne, Westminster, Burgos, Assise, Pise, Sienne, Florence, et, à Paris encore, la Sainte-Chapelle.

Rappelons aussi qu'à l'hommage rendu à Dieu dans

ses temples, correspond l'hommage qui lui est rendu dans la personne de ceux qui le représentent : aux grands qui sont les ministres de sa providence, aux pauvres qui sont les membres souffrants du Dieu-Homme. De là ces palais, ces châteaux, ces hôtels de ville, où l'art le dispute à la force ; de là ces hôpitaux, si bien nommés Hôtels-Dieu, dont la magnificence n'est égalée que par les palais.

Seule la grande poésie manquerait à cette période, si chacune de nos cathédrales n'était pas une épopée, si, d'ailleurs, la *Divine Comédie*, quoique venue plus tard, n'était pas une inspiration, un écho du treizième siècle.

Je n'ai garde de contester aux époques des Copernic, des Képler, des Galilée, des Newton, des Herschell, l'honneur des grands progrès dans les sciences physiques. Je n'irai pas non plus déprécier l'étude du monde matériel pour excuser le treizième siècle de n'avoir pas découvert les lois de la gravitation, la machine à vapeur, l'éclairage au gaz, le télégraphe électrique, la photographie, et autres merveilles dans cet ordre de choses. Le génie ne méprise que le sophisme et le hideux. Il admire Dieu dans le grain de sable comme dans le soleil, dans le moucheron comme dans le séraphin ; et tout en proclamant, avec le grand physicien de l'antiquité, Aristote, la supériorité de la science de Dieu et de l'âme, de la métaphysique et de la morale, et surtout de la théologie, sur la science des corps et de leurs lois, sur la science des nombres et des mesures, le philosophe et le théologien estiment les sciences mathématiques et physiques, soit à raison de leurs applications pratiques au bien-être matériel de l'homme, soit surtout parce qu'elles rappellent sans cesse l'existence et la providence du Dieu qui créa et qui ordonna l'univers.

Mais, sous ce rapport même, le treizième siècle n'a pas besoin d'excuse. Cette date est celle du réveil des sciences physiques. Les vrais savants du dix-neuvième siècle s'étonnent encore devant le prodigieux savoir et les sublimes aperçus des Vincent de Beauvais, des Albert le Grand et des Roger Bacon.

Au même temps, les lois de l'ordre social et religieux, déjà réunis en corps par Gratien de Bologne, auteur de la première collection des décrets canoniques, reçoivent leur complément par les ordres de Grégoire IX.

Et cependant les grandeurs politiques et militaires, scientifiques et artistiques de cette époque si féconde et si vivante, le cèdent aux gloires de la sainteté.

L'Espagne et la France sont gouvernées par des rois dont la vertu surpasse le courage et le génie : qu'on se rappelle saint Ferdinand et saint Louis. Déjà nous avons mentionné les Ordres religieux militaires qui sanctifient la chevalerie.

Si les Arnaud de Brescia, les Pierre Valdo et les infâmes Albigeois, ont pu tirer parti, contre le clergé, de la corruption causée par l'investiture laïque et par la simonie du siècle précédent, la période des saint Grégoire VII et des Innocent III verra tous les genres de réparation. Tandis que les chevaliers de l'Espagne, de la France, de l'Allemagne et de l'Angleterre, combattent par le fer le fanatisme musulman, de nouveaux Ordres religieux, par un dévouement d'un autre genre, assurent à l'Église toute sa liberté et tout son éclat.

Ici, c'est saint Jean de Matha et saint Félix de Valois, là saint Raymond de Pennafort et saint Pierre Nolasque, instituant, ceux-là l'ordre de la Trinité et ceux-ci l'ordre de la Merci, destinés l'un et l'autre au rachat des chrétiens captifs des Musulmans.

Ici, c'est saint Bruno et ses Chartreux, essayant sur la terre la vie des cieux ; là saint Norbert et ses Prémontrés, régénérant le clergé par l'esprit de pénitence.

Plus tard, saint François d'Assise et saint Dominique : l'un purifiant le monde par les admirables exemples de la pauvreté volontaire et l'embrasant par les séraphiques ardeurs de ses innombrables familles ; l'autre éclairant les peuples par la doctrine de ses incomparables Prêcheurs et les convertissant par le Rosaire de la Reine des Cieux.

Au-dessus de toutes ces gloires plane la royauté de Jésus-Christ, si solennellement représentée par les saint Grégoire VII, les Urbain II, les Alexandre III, les Innocent III, les Grégoire IX et les Innocent IV.

Quelle époque enfin que celle qui commence par le type le plus accompli du grand Pape et qui se clôt par le type le plus accompli du grand roi et du roi chrétien, qui s'ouvre par saint Grégoire VII et se termine par saint Louis.

Mais arrêtons-nous à ce nom : car peu après saint Louis, un roi de France, un fils aîné de l'Eglise s'é-

lèvera contre le Pape, puis à la faveur d'un schisme
à jamais déplorable, la décadence commencera : décadence dans les arts, décadence dans la science, décadence dans la politique, décadence dans la foi et dans
la vertu. Alors la voix d'un moine apostat suffira
pour ouvrir l'ère de ces révolutions religieuses, politiques, philosophiques, littéraires et morales, qui,
après avoir bouleversé les intelligences et les idées,
amèneront toutes les anarchies et tous les despotismes.

Résumons cependant cette époque et les temps qui
la précèdent, avec Mgr Daniel :

« On doit au moyen âge les croisades, la chevalerie,
« les ordres religieux et militaires, la liberté des com-
« munes, l'affranchissement des serfs, les parlements
« et les universités. Il a vu naître la royauté chré-
« tienne, la grande charte d'Angleterre, les États gé-
« néraux de France, les Cortès d'Espagne, les répu-
« bliques italiennes et la confédération helvétique. »

Voilà ce qu'on lit dans un ouvrage approuvé par le
ministre de l'instruction publique. Osez dire que cette
époque fut celle du servilisme et de l'absolutisme !

« Le pays, continue Mgr Daniel, qui a le mieux
« conservé les institutions de cette époque est la libre
« Angleterre.

« Le moyen âge a produit la *Divine Comédie*, la
« *Somme* de saint Thomas, l'*Imitation de Jésus-Christ*,
« les cathédrales romanes et gothiques, la renaissance
« des arts en Italie ; il a inventé la boussole, la poudre
« à canon, l'imprimerie. »

Osez redire que cette époque fut celle de l'ignorance
et de la barbarie !

Mais ici nous nous sommes borné à la période spéciale dont l'invincible constance de saint Grégoire VII constitue le fondement, dont l'imposante majesté d'Innocent III remplit le centre, dont la magnanimité chrétienne de saint Louis couronne le sommet. Grands siècles, puisqu'ils furent par excellence les siècles de Jésus-Christ, puisqu'alors tous les genres de grandeur vinrent se grouper comme pour former les degrés du trône du Roi des rois, et que jamais, ni avant ni depuis, il ne fut plus vrai de dire : Le Christ triomphe, le Christ règne, le Christ gouverne : *Christus vincit, Christus regnat, Christus imperat!*

VIII

Entre les croisades et la Renaissance s'ouvre un abîme. La division est partout et jusque dans l'Eglise. Mais quelle grandeur dans l'invincible fermeté d'un Boniface VIII! Quelle solennité dans le trépas de Jacques Molay! Quelle mâle vigueur dans les accents du Dante!

La lutte entre la France et l'Angleterre multiplie les héros. Charles V est justement appelé le Sage. Duguesclin a peu d'égaux. Mais pour refaire la France qui s'était brisée en se heurtant contre le roc sur lequel repose l'Eglise, ni la sagesse d'un roi, ni l'héroïsme d'un grand capitaine ne pouvaient suffire, il fallait l'intervention d'en haut. Et voici Jeanne d'Arc. Docile aux voix célestes, elle ira, et, aux noms de Jésus et de Marie brodés sur sa blanche bannière, elle sauvera la France des mains de l'Anglais.

En ces temps-là le sol de l'Asie tremblait sous les pas de Tamerlan et de Bajazet. La bataille se livra près d'Ancyre et dura trois jours, un million d'hommes y étaient engagés. Bajazet tomba au pouvoir de Tamerlan. Mais ce terrible choc ne fit que retarder la chute de Constantinople.

Au bruit que fit en tombant ce dernier débris d'un empire dont la durée n'avait pas eu d'égale, l'effroi saisit d'abord les âmes. Le dernier Constantin s'était montré digne du premier. Cependant il succomba. Mais Mahomet II rencontra Hunyade, Scanderbeg, Mathias Corvin, d'Aubusson. Il s'arrêta. La chute de Constantinople sera le signal d'une ère brillante. Du sein des ruines, des troubles, des schismes, va sortir un siècle nouveau. Oui, nouveau : car ce qui caractérise cette époque c'est l'élan vers le nouveau.

Voyez-vous ces trois caravelles qui voguent vers l'Occident? Matelots, vos terreurs ne sont pas vaines. A calculer froidement, l'étranger qui vous guide n'est qu'un aventurier téméraire. Eh bien! vous irez malgré vous, et, malgré vous, vous atteindrez un nouveau monde.

Christophe Colomb et la découverte de l'Amérique, en voilà plus qu'il ne faut pour immortaliser un siècle.

Ajoutez à cela le cap des Tempêtes doublé par Vasco de Gama, et devenu le cap de Bonne-Espérance, parce qu'il ouvre au commerce et à la foi une route nouvelle pour atteindre les Indes, la Chine et le Japon: ajoutez le tour du monde commencé à travers les océans par le hardi Magellan et terminé par le vaillant Sébastien El Cano ; ajoutez les incroyables exploits des Fernand Cortez, des Pizarre, des Almagro et des Cabral : autant d'événements que les siècles précédents ne pouvaient pas même soupçonner. Or, ce ne sont là que des épisodes de cette éblouissante période.

Revenons en Espagne, car c'est l'Espagne, ainsi que le Portugal, qui, à la fin du quinzième siècle, donnèrent le signal du mouvement, mouvement qui fut surtout chrétien et catholique, n'en déplaise aux détracteurs de la Renaissance.

La grande et pieuse Isabelle, par son union avec l'habile mais trop jaloux Ferdinand d'Aragon, a fait de l'Espagne catholique une seule et forte monarchie.

Tandis que le Portugal, si fier et si magnanime, parce que, franchement catholique, il se montrait fils respectueux de Rome et non esclave de Londres, tandis que sur les traces de Vasco de Gama, et par le génie d'Albuquerque le Grand, le Portugal, resserré du côté de la terre, s'étend par mer le long des côtes jusqu'aux Indes, jusqu'en Chine et jusqu'au Japon, Isabelle, par la prise de Grenade, met un terme glorieux à huit siècles de combats et rejette enfin Mahomet et le Coran hors de la péninsule.

Qui sait si, sans les jalousies de Ferdinand, le ferme génie du grand ministre Ximénès et l'invincible épée du grand capitaine Gonzalve de Cordoue, n'eussent pas fait disparaître la puissance musulmane de tout le nord de l'Afrique?

Au même temps, une autre péninsule, non moins

catholique que l'Espagne, atteignait aussi l'apogée de sa gloire.

La mission de l'Espagne et du Portugal fut alors de préparer les voies à la propagation de la foi dans les régions de l'Occident, du Sud et de l'extrême Orient. Le rôle de l'Italie fut de préparer le règne de Jésus-Christ et de l'Eglise sur les intelligences par les beaux-arts.

Fils du treizième siècle par ses études, précurseur du seizième par son génie, Dante vient d'élever sa langue et la poésie à une hauteur qui ne sera point dépassée. L'impulsion est donnée. Malheureusement l'Arioste souille tout ce qu'il touche, et le Tasse dans sa *Jérusalem délivrée* reste au-dessous de la simple histoire.

Il faut bien nommer Machiavel; mais si Néron a donné son nom à la tyrannie, Machiavel flétrira du sien tout prince qui osera suivre sa politique.

L'éloquence est représentée par le téméraire Savonarole.

Autour de Jules II et de Léon X se groupent tous les arts. Bramante commence Saint-Pierre de Rome, et Michel-Ange élève la coupole. Raphaël succède à Bramante, mais il est surtout peintre. Qui n'admire pas ses *Vierges?* Qui n'est pas transporté sur le Thabor à la vue de sa *Transfiguration?* Peintre et sculpteur aussi bien qu'architecte, Michel-Ange s'étonne lui-même devant son *Moïse*, tandis qu'il épouvante le spectateur par son *Jugement dernier*.

Quelle période enfin que celle qui se compose des Léonard de Vinci, des Fra Bartholomeo, des André del Sarto, des Corrége, des Carrache, des Titien, des Paul Véronèse et des Tintoret !

Il est toutefois à regretter que la peinture, en se perfectionnant pour la forme, soit descendue des hauteurs de cet idéal si pur, qui, au siècle précédent, avait saisi la belle âme de Fra Angelico.

Palestrina crée la musique religieuse.

D'Italie, sous l'inspiration des Médicis, le mouvement artistique passe en France. L'ancien Louvre, les Tuileries, les châteaux royaux d'Amboise, de Blois, de Fontainebleau, de Chambord, d'Ecouen, en sont autant de preuves et de monuments.

Les sciences physiques prennent leur essor. Le génie sûr et hardi du chanoine Copernic avait enfin découvert le véritable système du monde. Képler et Galilée vérifièrent par l'expérience les calculs du génie.

Convenons qu'à cette époque les deux sciences les plus hautes, la philosophie et la théologie, sont en décadence. Les beaux-arts éclipsent toutes les autres gloires de l'ordre intellectuel. Toutefois ne maudissons pas ce mouvement, puisque l'Église elle-même par la voix des Papes, fut la première à l'encourager.

Encore un peu, et tandis que les découvertes espagnoles et portugaises préparent à la foi des conquêtes nouvelles, l'Italie et la France, reprenant au génie païen les formes de l'art antique, en feront l'expression d'un idéal chrétien, et la Renaissance sera le triomphe de Jésus-Christ sur les intelligences.

Mais à cette vue l'enfer s'émeut ; la scène va changer.

C'était en 1517. Sur la place publique d'une ville de Saxe nommée Wittemberg s'élevait un bûcher. Un moine s'avance. Il tient à la main une feuille de papier ; il la jette dans le feu en disant : «Tu as troublé le sein de Dieu ; que le feu éternel te trouble. » La feuille de papier était une Bulle du pape Léon X. Le moine s'appelait Martin Luther.

Affaiblie dans son influence sociale, grâce à ce Philippe le Bel qui fut la première cause du grand schisme d'Occident, la papauté ne s'est pas trouvée assez forte pour réformer efficacement l'Allemagne, l'Angleterre et la France. Dieu va châtier. Quand Dieu veut châtier, il ne prend pas une crosse, pas même un sceptre ; il prend une verge : en d'autres termes, il n'emploie pas un prêtre, il n'emploie pas un roi, il se sert d'un apostat ou d'un tyran. Ou plutôt il se retire et laisse agir l'enfer. Donc alors, inspirés par le souffle infernal, Luther, Zwingle, Calvin, un moine, un curé, un clerc, trois libertins sacriléges ; Henri VIII, Elisabeth, deux libertins et deux tyrans, levèrent l'étendard d'un double libertinage, du libertinage de l'esprit, du libertinage de la chair. Aussitôt, tout ce qu'il y avait de gangrené dans le clergé, dans la noblesse et dans le peuple se détacha du corps de l'Église et forma la religion nouvelle, le protestantisme. Le sang corrompu, quand il s'échappe, rend la santé au corps dont il infectait les membres. C'est ainsi que, en délivrant l'Église de ce qui la souillait, je veux dire de lui-même d'abord, et puis de ses partisans, Luther la réforma.

Il y avait en ce temps-là deux princes ornés l'un et

l'autre des plus beaux dons de la nature. Pour les élever chacun de leur côté au comble de la puissance, Dieu avait abattu coup sur coup deux et trois dynasties.

A l'un il avait donné, outre les nombreuses provinces héréditaires de la maison d'Autriche, la Flandre, une partie de la Bourgogne, les Espagnes avec la moitié de l'Italie et avec les trésors des Amériques, et enfin l'empire d'Occident.

L'autre n'avait reçu que la France, mais une France unie, compacte, fidèle et brave comme son roi. Ce roi beau, généreux, chevaleresque, se nommait François premier.

L'empereur se nommait Charles-Quint. Depuis Charlemagne, jamais l'empire d'Occident n'avait eu pour le gouverner un chef aussi puissant. Charles, par le génie politique, était à la hauteur de sa puissance.

Le roi et l'empereur étaient de plus sincèrement catholiques. Ce n'était pas sans dessein que Dieu les avait faits si grands.

Et cependant, en Allemagne le moine séducteur sacrilége, en France le clerc marqué pour infamie, Luther et Calvin, pourront bouleverser la société chrétienne jusque dans ses fondements.

Hélas! Charles-Quint fut un politique habile, François premier fut un brave chevalier ; mais le caractère, la volonté, manquèrent à l'un et à l'autre. Ils ne comprirent pas leur mission. Aveuglés par une mutuelle jalousie, ils tournèrent l'un contre l'autre une force que Dieu leur avait donnée pour défendre la chrétienté contre le plus formidable des sultans,

Soliman le Magnifique, et contre la révolution non moins antisociale qu'antireligieuse dont Luther et Calvin venaient de lever l'étendard.

Dieu remplacera donc les rois, ici par des héros, là par des saints.

Déjà Scanderbeg, Hunyade et Mathias Corvin, par des prodiges de valeur et de génie, ont brisé l'élan du vainqueur de Constantinople et de ses hardis successeurs. Un grand-maître de Saint-Jean, L'Isle-Adam, avec six cents chevaliers, arrêtera pendant un an devant Rhodes les deux cent mille Turcs de Soliman le Grand, qui, sans la trahison, eût été contraint de se retirer, comme quelques années auparavant Mahomet II devant d'Aubusson, comme il le fera lui-même, quelques années après, devant Malte, défendue par Lavalette : car cette fois il ne rencontra que des guerriers et pas un traître.

Un vieillard, saint Pie V, par sa prière autant que par la flotte qu'il a réunie sous les ordres de Juan d'Autriche, frappera devant Lépante un coup qui sera la revanche de la prise de Constantinople et dont la puissance musulmane ne se relèvera pas.

La révolte protestante a triomphé presque sans combat sur les peuples du Nord. La corruption des mœurs avait préparé ce genre de réforme. En France les esprits n'étaient pas prêts. Tandis que les rois s'amusent, les catholiques, sans se soulever, se liguent pour défendre leur foi. Une famille héroïque, celle des Guises, se dévoue pour assurer au royaume très-chrétien la liberté de demeurer catholique.

Cependant au principe de révolution permanente

posé par Luther, Ignace de Loyola opposait une Compagnie, qui, par sa constitution même, devait être la contradiction vivante de l'esprit protestant ; et un fils d'Ignace, François Xavier, rendait lui seul à l'Eglise plus de régions que la fausse réforme ne lui en avait enlevées.

Vainement la sanglante Elisabeth, inaugurant la nouvelle politique anglaise, soulève et soutient partout la révolution. Si Dieu, livrant à la tempête l'invincible Armada, ne permet pas au roi catholique de venger l'assassinat de l'infortunée Marie Stuart, le Salomon de l'Espagne saura du moins préserver son pays du fléau de l'hérésie. Il fera plus. Par les secours fournis à la Ligue, il contre-balancera l'assistance que nos Huguenots recevaient contre leur patrie de la part des protestants anglais et allemands, et ainsi la France lui sera en partie redevable de la conservation de sa foi et de l'impossibilité pour Henry de Navarre de devenir Henry IV de France sans devenir d'abord catholique.

On a voulu faire un siècle païen de celui qui s'ouvre par la catholique Isabelle et qui se termine par l'abjuration de notre Henry IV, un siècle qui débute par Michel-Ange et qui se clôt par le Tasse, le chantre des Croisades. On a donc oublié que, tout ce qui fut grand alors, dans le gouvernement et dans la guerre, aussi bien que dans les lettres et dans les arts, fut chrétien et catholique. Cette période, en effet, est l'époque littéraire et artistique des deux péninsules catholiques, de l'Italie, nous l'avons vu, et de l'Espagne qui, sous Philippe II, produit son célèbre

Cervantès et son merveilleux Lope de Véga, tandis que le Portugal enfante son Camoëns. Cette période est l'époque des grands dévouements politiques, militaires et religieux. Les Isabelle, les Ximénès et les Gonsalve de Cordoue, les Christophe Colomb et les Vasco de Gama, les Fernand Cortès et les Albuquerque le Grand, les Bayard et les Guise, les Lavalette et les Juan d'Autriche, les Philippe II, les Henri IV, tels sont les héros de ce siècle au point de vue politique et militaire. Or, ces hommes ne furent pas seulement de grands guerriers ou de grands politiques ; ils furent aussi, par la foi du moins, sinon tous par la conduite, de grands chrétiens.

Et puis, comment un siècle païen aurait-il donné au monde des saints comme les Ignace de Loyola, les François Xavier, les François de Borgia, les Thérèse, les Pierre d'Alcantara, les Jean de la Croix, les Philippe de Néri, les François de Sales, les Canisius, les Charles Borromée et enfin le grand et saint pontife Pie V.

— Mais, dit-on, ce fut le siècle de Luther et de la grande hérésie protestante !

— Mais, dirai-je à mon tour, le siècle de saint Pierre fut celui de Néron, le siècle de Constantin fut celui de Julien, le siècle d'Athanase fut celui d'Arius, le siècle de Léon le Grand fut celui d'Attila, celui de saint Grégoire VII fut celui d'Henry IV d'Allemagne, celui d'Alexandre III fut celui de Frédéric Barberousse, celui d'Innocent III fut celui des Albigeois, celui de saint Louis fut celui de Frédéric II, celui de Louis XIV et de Bossuet sera celui de Cromwell et de

Jansénius, celui de Pie IX sera celui de... ne les nommons pas.

Sans le contraste, le beau ne ressort pas; sans la lutte, la force ne paraît pas. Que serait Michel sans Lucifer? que serait Moïse sans Pharaon? que serait David sans Goliath? Elie sans Achab, les Machabées sans Antiochus, les Martyrs sans les Césars bourreaux? Jésus lui-même, tout grand qu'il est, Jésus tout Dieu qu'il est, Jésus, sans la croix, ne paraîtrait pas ce qu'il est. S'il a reçu un nom, un nom au-dessus de tout nom, c'est qu'il s'est humilié, s'étant fait obéissant jusqu'à la mort et à la mort de la croix : *Humiliavit semetipsum, factus obediens usque ad mortem, mortem autem crucis*; et c'est pour cela que Dieu le Père l'a exalté et lui a donné un nom qui est au-dessus de tout nom : *Propter quod et Deus exaltavit illum et donavit illi nomen quod est super omne nomen.*

Que le siècle de la Renaissance soit le siècle de la Réforme, je le veux; mais le siècle de la réforme protestante est aussi le siècle de la réforme par le Concile de Trente; mais le siècle de la *vierge* est *douce* Elisabeth est aussi le siècle de la grande et catholique Isabelle; mais le siècle d'un Henry VIII est aussi le siècle d'un Philippe II, nom trop abhorré des protestants, des sophistes et des libéraux pour n'être pas celui d'un chrétien, d'un catholique et d'un défenseur de l'Eglise; mais enfin le siècle des conquêtes de Satan par Luther fut le siècle des conquêtes de Jésus-Christ par Xavier; le siècle des grandes apostasies allemandes et anglaises fut celui de l'abjuration de Henry IV, triomphe le plus glorieux peut-être et le plus difficile que la foi catholique d'une nation ait jamais remporté sur son roi.

Honneur donc à une période qui fut grande entre toutes parce que, pour l'Eglise et pour la foi, autant que pour les lettres et pour les arts, elle fut une époque de Renaissance !

IX

Voici le grand siècle, voici le grand roi, voici la grande nation ! Et cette grande nation, c'est la France. On dirait que pour élever le royaume très-chrétien, autour de lui, tout descend et s'abaisse et, chose étrange, c'est le protestantisme qui, par ses triomphes mêmes, produit cet abaissement général de l'Europe aux pieds de la France.

Ici l'Angleterre accepte et subit le joug d'un tyran cynique et cruel qui, après avoir juridiquemant assassiné un roi honnête, règne en despote sous le titre de Protecteur : il se nommait Cromwell.

Là, aidée par les armes d'un guerrier protestant, Gustave-Adolphe, par la politique d'un ministre du roi très-chrétien, je l'avoue et je le déplore, d'un cardinal de l'Eglise romaine, j'en conviens et j'en gémis, l'Allemagne protestante l'emporte sur l'Allemagne catholique. Or l'abaissement de l'Autriche en Allemagne amène celui de l'Espagne et de l'Italie, alors presque tout entière sous la domination espagnole.

Richelieu n'eut que le génie du présent. Il ne vit pas que, grâce à son unité territoriale, nationale et politique, la France était assez forte pour ne pas redouter deux puissances divisées d'origine, de langues, de mœurs, de frontières et d'intérêts, comme l'étaient l'Autriche et l'Espagne. Il était évident que, malgré la parenté de leurs souverains, ces deux États ne pouvaient pas demeurer unis. Chacun d'eux avait assez à faire, l'un avec ses colonies, l'autre avec ses populations si diverses, pour ne donner aucun souci à la France. Mais Richelieu ne comprit point l'avenir. Au dehors il éleva les protestants qu'il abaissait au dedans ; au dedans il abattit la noblesse, et, croyant par là rendre la royauté absolue, il ne s'aperçut pas qu'en lui retirant ses contre-forts, il la livrait sans défense à la révolution ; il ne s'aperçut pas, cet aigle, que si la noblesse contrebalançait le roi, elle contrebalançait aussi le peuple, et qu'ainsi elle maintenait l'équilibre entre les deux plateaux de la balance. Car trois éléments sont nécessaires pour constituer un État : le prince, les grands, le peuple. Otez-en un : reste l'oscillation continue entre la tyrannie et l'anarchie.

Un ministre italien, Mazarin, consommera l'œuvre extérieure de Richelieu par le traité de Westphalie, contre lequel Rome protesta, parce qu'il livrait à des princes hérétiques des peuples catholiques et qu'il posait en principe la politique de l'indifférence religieuse et des faits accomplis.

Satan s'est joué de l'Eglise en usant de deux cardinaux pour opérer ce qu'on a nommé l'apostasie des peuples européens. Depuis lors, il y a encore des catholiques, il en existe autant, et même plus qu'autrefois ; mais il n'y a plus, ou presque plus de nations qui, comme telles, forment un corps catholique. Ce résultat, renversement du moyen âge, est l'œuvre et le chef-d'œuvre du traité de Westphalie. Les mains infernales durent applaudir.

Mais Dieu se joue de la politique des génies humains et diaboliques. Il donne à la France un enfant qui, malgré les efforts de Mazarin pour en faire un prince qu'il puisse gouverner à son gré, deviendra le grand roi.

Le jour de la mort de Mazarin, les ministres vinrent trouver Louis et lui demandèrent à qui dorénavant ils devaient s'adresser pour les affaires. A moi, répondit le monarque. Le grand règne commençait.

Comme Salomon, Louis XIV, c'est l'ordre, c'est la régularité du soleil. Autour de l'astre de la France graviteront, chacune dans sa sphère, toutes les grandeurs et toutes les gloires.

Dans l'ordre militaire, il suffit de nommer Condé, Turenne, Luxembourg, Vauban, Vendôme, Villars, Catinat et le ministre Louvois ; sur mer, Tourville et Duquesne. Mais il convient aussi de rappeler que la France eut à lutter seule contre l'Europe coalisée et qu'elle eut à combattre sur terre un Montecuculli, un Mercy, un Malborough, un prince Eugène, et sur mer un Ruyter.

Dans l'ordre civil un nom domine tous les autres, celui de Colbert, qui fut le génie du commerce et des finances. Malheureusement, cet homme ne sut pas s'élever au-dessus de la région des intérêts matériels, et, par son manque d'intelligence au point de vue social et religieux, il devint la cause première de la faute capitale de Louis XIV.

En même temps que par les armes et par le commerce la France affirme avec tant d'éclat sa force matérielle, par sa plume et par sa parole elle manifeste avec non moins de splendeur sa puissance intellectuelle.

Les sciences, les lettres, les arts semblent s'être donné un rendez-vous solennel en France et autour de la France pour élever le siècle de Louis XIV au-dessus de toutes les époques antérieures.

Croyant découvrir une méthode nouvelle, quand il ne fait, en ce qu'il y a de bon, que répéter les anciens, dont il ne s'écarte que pour s'égarer dans le chimérique, Descartes a du moins le mérite d'avoir osé se mettre au-dessus du servilisme qui, menaçait de river les esprits à la chaîne de la routine. Si Malebranche et Fénelon, trop hardis, s'imaginent voir tout en Dieu, Bossuet, avec ce bon sens supérieur qui est le trait saillant de son génie, résume la doctrine d'Aristote et de saint Thomas sur la logique, sur l'homme et ses facultés. Cependant Leibnitz confond et le scepticisme de Bayle et le sensualisme de Locke, disciple trop conséquent du chancelier Bacon.

Le mouvement imprimé aux sciences physiques et mathématiques par les Copernic, les Képler, les Galilée, se poursuit sous l'impulsion des Descartes, des Pascal, des Leibnitz, des Newton, des Cassini, des Huygens, des Torricelli.

Les arts sont représentés avec éclat : la peinture par Poussin, Champagne, Le Sueur, le Lorrain, en France ; Rubens en Flandre ; Rembrandt, en Hollande ;

Murillo, en Espagne ; l'architecture par Mansard et Perrault ; la musique par Lulli.

Mais le trait spécial du grand siècle, ce qui en fait l'expression la plus haute du génie humain, ce sont les lettres : la poésie et l'éloquence.

Corneille fait parler et agir des hommes comme on n'en vit jamais, mais comme il devrait s'en rencontrer toujours. Racine montre les hommes tels qu'ils sont, et tels qu'ils sont au temps et au pays de Louis XIV : ses Grecs et ses Romains sont des Français du dix-septième siècle. Encore s'ils n'en avaient que l'héroïsme !

Molière tout en restant Français, imprime le sceau du ridicule aux pédants, aux précieux, aux avares, aux vaniteux, aux parvenus et aux tartufes de toutes les époques et de toutes les régions. Pourquoi faut-il que le comique touche de si près au bouffon et même au grossier ?

La Fontaine, dans son fablier, donne à la France une vraie épopée. On a contesté la moralité de ses fables. Sans prétendre justifier toutes les malices du *bonhomme*, il faudrait cependant comprendre que l'ironie chez lui est à peu près continue. Le poëte prend l'égoïsme humain sur le fait ; il le laisse parler et agir. Certaines choses n'ont besoin que d'être montrées pour êtres jugées, et condamnées. Telle cette maxime, résumé d'une politique ancienne et nouvelle : « La raison du plus fort est toujours la meilleure ». Ne s'est-il pas rencontré des critiques assez naïfs pour voir dans ce vers l'expression de la pensée du fabuliste !

Je ne parle pas des contes de La Fontaine. Ils sont infâmes. Le cilice les a condamnés : puisse-t-il les avoir expiés !

Boileau a pu se tromper sur quelques points; mais la plupart de ses arrêts sont sans appel. C'est le bon sens qui a parlé.

Il est facheux que Pascal ait perdu un temps précieux et compromis sa réputation d'honnête homme, en s'acharnant contre des hommes qui, quoique tués par les *Provinciales*, se portent assez bien. Ce jeu du grand calomniateur lui a ôté le loisir de mettre en ordre et de compléter les *Pensées* qu'il avait empruntées aux saints Pères et qui promettaient un monument.

On peut au reste se consoler de cette perte. Un cours complet de religion nous est offert dans les sermons de Bourdaloue si justement appelé le prédicateur des rois et le roi des prédicateurs.

Les *Caractères* de La Bruyère sont peut-être pris d'après nature, mais d'après la nature telle qu'elle se retrouve partout et toujours. C'est le privilége étonnant des hommes de l'époque du grand roi. Comme Louis XIV lui-même, ils sont de leur temps et à la fois de tous les temps. Chacun d'eux peut dire non seulement : L'Etat, mais : Le monde, c'est moi.

Massillon écrit si bien, qu'il ne peut se lasser de sa phrase et qu'il finit par y noyer et y fondre sa pensée.

Fénelon, doué d'une âme trop belle, découvre partout un idéal, souvent chimérique. Excessif en métaphysique, il se hâte trop de voir tout dans l'être divin;

6

excessif en ascétisme, il rêve un amour trop désin-
téressé ; excessif en politique, avec l'apparence d'un
républicain il serait le plus absolu des rois ; excessif
en rhétorique, il imagine un prédicateur à peu près
impossible ; excessif dans sa poétique, ses théories
ont été avouées de l'école romantique, comme ses
utopies sociales l'ont été des révolutionnaires, et
cependant qui fut plus classique, plus monarchique et
plus religieux que l'auteur de *Télémaque* ?

L'aimable et idéaliste Fénelon semble venir à point
pour faire ressortir la majesté sévère et positive de
Bossuet. Bossuet plus grand dans l'ordre intellectuel
que Louis XIV dans l'ordre social, Bossuet qui n'aurait
pas de supérieur, si chez lui l'indépendance et la fermeté de caractère eussent répondu à la hauteur et à
la fierté du génie. Quand le siècle de Louis le Grand
n'aurait produit que le *Discours sur l'Histoire universelle*, c'en serait assez pour lui assurer le premier rang
sous le rapport intellectuel. Histoire, théologie, philosophie, politique, esthétique, tout se rencontre dans
ce chef-d'œuvre. Pourquoi faut-il que le rédacteur de
la Déclaration de 1682 se soit réduit à l'impuissance
de reprendre son discours et de le pousser au-delà de
Charlemagne. Car Charlemagne est déjà la condamnation pratique des quatres articles, condamnés, il
faut bien le reconnaître, mais trop tard, par Louis XIV
lui-même, qui ne les avait laissé rédiger que sous
l'inspiration d'un ministre trop grand financier pour
comprendre les intérêts sociaux et religieux des nations.

Bossuet n'a pas seulement écrit le *Discours sur*

l'Histoire universelle; en jugeant du haut de la chaire tous les grands de son époque, il a posé, dans les *Oraisons funèbres*, les vrais principes de toute grandeur.

Par l'*Histoire des Variations*, il a réduit à néant la grande hérésie des derniers temps; par la *Connaissance de soi-même*, l'homme avec lui s'élève à la *Connaissance de Dieu*. Il a *tiré de l'Écriture sainte* une *politique* qui, pour être respectueuse envers les rois, représentants de la divine majesté, ne laisse pas d'être plus libre et plus indépendante que certaines utopies, soi-disant libérales, d'une autre époque. Enfin, ses *Sermons*, comme ceux de Bourdaloue, sont un cours complet de théologie, et ses *Élévations sur les Mystères* sont une épopée.

Inutile, après ce coup d'œil d'ensemble, d'insister sur le principe de la grandeur de cette époque. Tous les hommes de génie alors sont des hommes de foi, et c'est à la foi qu'ils doivent leur supériorité, même quand ils touchent des sujets purement humains. Les chefs-d'œuvre de nos deux grands poëtes sont *Athalie* et *Polyeucte*; celui du philosophe Leibnitz est un Système de théologie. Le grand Newton ne peut entendre prononcer le nom de Dieu sans incliner la tête.

Tous les héros d'alors sont des hommes de foi. Si, comme les grands à presque toutes les époques, ils ont le malheur de céder aux emportements de la passion, ils meurent humbles et repentants.

Enivré par le succès et par l'admiration universelle, Louis se laissera éblouir par les illusions de l'orgueil et entraîner par les appas de la volupté. Dieu nous garde d'excuser dans un roi le libertinage, la passion de la guerre et l'insolence envers le Vicaire de Jésus-Christ ; Dieu nous garde d'oublier et de ne pas condamner, comme elle le mérite, cette triple faute de Louis XIV. Mais tel est, en ce siècle, l'empire de la religion, que, sans attendre la vieillesse comme il arrive si souvent, Louis, à l'âge de quarante-sept ans, se range sous la loi de Dieu. A partir de ce moment, ses mœurs sont irréprochables.

L'affaire des Franchises, celle de la Régale et la Déclaration des trente-quatre prélats de 1682, si fiers contre le Pape, si souples devant un ministre des finances, autant de tristes choses qu'on voudrait dissimuler. Mais, bientôt revenu des emportements de l'orgueil, Louis reconnaîtra sa faute, et, par un désaveu formel des quatre Articles, il redeviendra, de fait comme de nom, le fils aîné de l'Église.

Il n'est pas bon, toutefois, de toucher au Pape. A partir de la téméraire Déclaration, l'étoile du grand roi pâlit. Guéri de la passion de la guerre comme de celles de l'orgueil et de la volupté, Louis ne veut que la paix ; il se voit condamné à la guerre, et les revers remplacent les succès de la première période de son règne.

Ce revirement nous apparaît comme un châtiment et comme une récompense : châtiment sur le prince qui s'est oublié envers le Pape, et sur le peuple qui a suivi son roi dans cet égarement ; récompense pour le prince qui a eu le rare courage de reconnaître sa faute et de la réparer.

Étrange récompense, dira-t-on ! Oui, récompense : car le malheur n'a servi qu'à faire éclater la grandeur de Louis. Tant qu'il eut sous la main des généraux tels que Condé, Turenne, Luxembourg, Catinat, des ministres comme Louvois et Colbert, on put croire que sa force reposait sur son entourage. Mais quand Dieu lui eut retiré ces puissants auxiliaires et que, n'ayant plus que deux grands guerriers à opposer à l'Europe coalisée et pas un ministre capable pour diriger les affaires, il ne laissa pas de se montrer aussi ferme, aussi calme, aussi résolu qu'aux jours de sa plus brillante prospérité, il fallut bien reconnaître que ce n'était pas seulement le cortége, mais le roi lui-même qui était grand.

On a beaucoup reproché à Louis XIV ce mot : « L'État c'est moi. » Le mot est de saint Thomas ; et saint Thomas serait fort surpris, ainsi que toute la société chrétienne du moyen âge, si on l'accusait de favoriser l'absolutisme, saint Thomas qui n'hésite pas à déclarer que, dans le cas de tyrannie, c'est le tyran qui est le séditieux. Or c'est ce même docteur qui proclame que le prince est l'État tout entier : *Princeps dicitur esse tota civitas.*

Malheur au peuple dont le souverain ne dit pas : « L'État, c'est moi » ; malheur à la famille dont le chef ne dit pas : « Ma famille, mes enfants, c'est moi » ; malheur à l'armée dont le général ne dit pas : « L'armée, c'est moi. » Si le prince ne se regarde pas comme identifié avec l'État, s'il n'aime pas l'État comme lui-même, s'il se distingue de l'État, si le prince et l'État font deux, l'État n'est plus pour le prince qu'une

métairie qu'il exploite, un troupeau qu'il engraisse,
mais pour le tondre, mais pour le traire, mais pour
le dévorer ou pour le vendre.

Louis XIV ne se distingua pas de la France; par la
France et avec la France il fut grand, et aussi avec
lui et par lui la France fut grande. Les revers même
de la dernière période du grand règne, après avoir
servi d'expiation aux fautes de la première, se tournèrent en succès, et finalement la dernière entreprise de
Louis le Grand réussit comme les autres : son petit-
fils s'assit sur le trône d'Espagne.

Mais si la France fut grande avec Louis XIV, c'est
que, alors plus que jamais, elle fut le royaume très-
chrétien, étendant l'action de l'Église à tous les points
du globe par ses missionnaires que le grand roi ne
cessa de soutenir de toute l'autorité de son nom.

L'Espagne, le Portugal et l'Italie continuent, il est
vrai, d'envoyer des légions d'apôtres sur tous les
rivages de l'Afrique et de l'Asie orientale, et dans
toutes les forêts de l'Amérique méridionale; mais c'est
par la France et par la haute protection de son roi que
l'Église s'étend et se soutient au centre même de
l'empire turc et de l'empire persan, dans une partie
des Indes et dans l'empire annamite, dans l'empire
chinois et dans les forêts sauvages de l'Amérique du
Nord.

Enfin, tel fut le prestige de la France, sous la main
de Louis, que l'histoire de ce règne est, pour ainsi
dire, l'histoire de l'Europe et par là même l'histoire
du monde entier. Car, selon le mot de cet Allemand
qui, après Bossuet, fut peut-être le plus étonnant génie

de cette époque, Louis XIV faisait seul le destin de ce siècle. En Europe, on ne l'appelait que le roi.

Il est deux noms toutefois qui, sans échapper à l'influence française, représentent une action indépendante. L'un rappelle le dernier éclat d'une nation toujours héroïque même dans ses fautes, mais plus héroïque encore sous le coup du malheur. L'autre indique le premier effort d'un peuple qui doué de grandes qualités, n'a cependant jusqu'ici étonné le monde que par la féroce hypocrisie de ceux qui le gouvernent. Sobieski et Pierre le Grand ! quel contraste !

Sobieski, le héros du dix-septième siècle, comme Louis XIV en est le grand roi ! Sobieski, le sauveur de l'ingrate Autriche, aussi magnanime et aussi généreux que l'empereur Léopold est petit et pusillanime ! Sobieski, le type du guerrier chrétien, l'effroi des Turcs, le rempart de l'Europe ! Et après un tel homme la Pologne est tombée ! Pourquoi donc ? Ah ! la Pologne a trop bien mérité de la chrétienté pour être abandonnée à ses fautes comme certains criminels qui ne doivent recevoir qu'ici-bas la récompence du peu de bien qu'ils ont fait. La Pologne devait être éprouvée dans le temps et pendant un temps, parce qu'elle doit ressusciter. Plaignons la nation martyre, pleurons sur ses malheurs ; mais plaignons plus encore ses bourreaux, plaignons les héritiers de la politique de ce Pierre dit le Grand ; plaignons les puissances qui ont participé au brigandage. Le partage de la Pologne sera vengé, et l'avenir verra d'autres partages. Un jour viendra, et ce jour pourrait bien n'être pas éloigné, où, se déchirant les uns les autres, les trois aigles feront place à d'autres. L'aigle noir revivra. Puisse la France être appelée à concourir à cette grande réparation de l'une des plus solennelles iniquités qui aient déshonoré les siècles postérieurs à celui de Louis XIV !

Concluons. Nous n'avons pas dissimulé les fautes du grand roi et du grand siècle. Ces fautes sont graves, mais elles ont été reconnues et réparées. On a quelquefois comparé Louis XIV à Salomon. Pour être juste, la comparaison doit être renversée. Salomon commença bien et finit mal. Les fautes de Louis XIV appartiennent à la première période de son règne qui fut cependant la plus brillante. Plus heureux et plus fidèle que le fils de David, Louis finit comme il aurait dû commencer.

Un dernier mot. Quels sont les détracteurs du grand siècle et du grand roi? Les jansénistes, les parlementaires, les protestants, les sophistes du dix-huitième siècle et ceux du dix-neuvième, un Saint-Simon, un Voltaire, c'est-à-dire les ennemis les plus constants de l'Eglise ; enfin les libéraux, c'est-à-dire les ennemis, non plus seulement de l'Eglise, mais de toute société et de l'humanité même.

Il serait bien étonnant qu'il ne fût pas grand, cet homme qui eut l'honneur de déplaire à tous les yeux qu'offusquent le mérite et la grandeur.

X

Ici se présente un siècle qu'on voudrait vouer à un éternel oubli, un siècle où toute chair avait cor-

rompu ses voies et où un déluge d'impiété préparait
ce déluge de sang qui a couvert la France et l'Europe !
Ce siècle a reçu un nom ; il s'appelle le siècle de Voltaire, ce fut le siècle de la Régence et de Louis XV, le
siècle des désastres de la France, de l'Espagne, de
l'Autriche, en un mot de toutes les puissances catholiques; ce fut le siècle des triomphes de l'Angleterre,
de la Prusse, de la Russie, en un mot de toutes les
puissances hérétiques ou schismatiques ; ce fut le
siècle du partage de la Pologne et de bien d'autres
iniquités qui demandaient et qui commandaient le
cataclysme de 89.

Quatre - vingt - neuf est une date fameuse.
Qu'elle soit donc le point de départ de cette époque.
Une date non moins fameuse pourra la clore. A l'Assemblée de 1789 correspondra, par contraste, le Concile de 1869. La période sera de 80 ans.

Le siècle de Louis XIV est grand par l'unité. Le
nôtre se distingue par la variété, ou, pour être plus
exact, par la variation. C'est la révolution en perma-
nence. Aussi aucun genre de grandeur ne lui manque.

Grandeur du crime d'abord. Lucifer est dépassé.
Le premier révolutionnaire avait dit : *Non serviam*, je
ne servirai pas. Mais il n'avait pas proclamé l'abolition
de Dieu ; il avait trop d'intelligence pour monter jusqu'à cet excès de folie. Ce qui caractérise le révolutionnaire de notre siècle, c'est le manque total d'intelligence. Lisez leurs journaux, écoutez les proclama-
tions de cet homme ridicule dont ils ont fait leur
héros de parade.

Lucifer avait dit : *Similis ero Altissimo*, je serai

semblable au Très-Haut. Il n'avait pas dit : « Je serai Dieu. » Il fallait être homme, et homme issu de Voltaire, pour adorer sa propre raison personnifiée dans une infâme créature.

Une poignée de scélérats qui se nommèrent Marat, Danton, Robespierre, s'imposent au peuple des Clovis, des Charlemagne, des saint Louis, des Henry et des Louis le Grand, au peuple très-chrétien, au peuple qui dix fois s'est armé pour assurer la liberté du Vicaire de Jésus-Christ, au peuple qui sept fois s'est croisé pour délivrer le tombeau de Jésus-Christ, au peuple qui s'est ligué pour s'assurer à lui-même la liberté de garder sa foi en Jésus-Christ ; et tandis que cette poignée de bandits tient la France sous l'empire de la terreur, elle épouvante l'Europe par l'héroïsme des soldats de cette même France, toujours aussi qrave que docile. Grand Dieu ! quel crime avaient donc commis nos pères ! Ah ! la France de Charlemagne et de saint Louis était devenue la France d'un d'Orléans et d'un Louis XV ! Les fils des croisés avaient reculé devant les fils de Voltaire ! L'Europe, après avoir subi l'influence de la France très-chrétienne, avait accepté l'influence de la France voltairienne. Et la France sera châtiée, les fils des croisés seront châtiés, l'Europe sera châtiée.

Au nom de l'égalité qu'ils ont proclamée, et pour l'établir, les fils de Voltaire suppriment tous les droits : propriété, paternité, royauté, divinité. Tout est nivelé par le marteau du démolisseur et par le couperet du bourreau.

Tout à coup paraît un homme prodigieux, qui,

comme il l'a dit de lui-même, tenait du renard plus encore que du lion. Il commence par broyer sous la mitraille et sur le quai même de Voltaire, cette révolution dont il se déclarait le fils. Puis, nouvel Attila, il se mit à balayer en Europe tous ces rois et empereurs, unis hier encore pour enchaîner l'Eglise et pour abattre le pouvoir du Pape, seul soutien de l'autorité des rois, seule garantie de la liberté des peuples.

Cependant, aux applaudissements de l'hérétique Angleterre, deux Papes, coup sur coup, étaient renversés par l'épée qui, dans la main de Charlemagne et de saint Louis, avait si franchement défendu le vicaire et la croix de Jésus-Christ.

Le vainqueur des peuples et des rois fut heureux et triomphant jusqu'au jour où il oublia qu'une parole du Pontife pouvait faire tomber les armes des mains de ses soldats. Elles tombèrent en effet, et le prisonnier de Saint-Hélène reconnut, mais trop tard, qu'il n'est pas bon de mettre la main sur le Pape.

Telle est la première partie de cette période. Jugez, par la profondeur de la vallée, quelle sera la hauteur de la montagne!

Déjà, du reste, au sein de cette nuit qui de 89 à 99 pesa sur la France, la foi antique avait jeté des lueurs qui annonçaient que le royaume très-chrétien ne devait pas avoir le sort de l'Angleterre et de l'Allemagne.

Les fils des croisés, nous l'avons dit, avaient subi l'influence de Voltaire et d'une cour corrompue. Plusieurs avaient eu la naïveté d'applaudir aux premiers élans d'une révolution qui déclarait les droits de l'homme, comme si l'homme jusque-là eût ignoré ses droits!

On sait avec quel enthousiasme la noblesse et le clergé sacrifièrent les priviléges par lesquels autrefois les peuples et les rois avaient voulu éterniser le souvenir de leur reconnaissance pour le dévouement du guerrier et du prêtre.

Mais la Révolution ne renversait la hiérarchie dans l'ordre civil que pour la renverser dans l'ordre religieux; elle ne proclamait les droits de l'homme que pour abolir les droits de Dieu. Celui qui avait dit : « Ecrasons l'infâme, » avait dit aussi : « Dans vingt ans, Dieu aura beau jeu. » Un jour vint où cette révolution prédite et préparée par Voltaire exigea de la France le sacrifice de sa foi. Et alors le clergé français, ce clergé corrompu, disait-on, par ses richesses et par sa puissance, le clergé français périt sur l'échafaud et sur les pontons. Et alors la noblesse française, cette noblesse qu'on avait vue si légère, si libertine, se réveilla, et plutôt que de trahir la double foi de ses aïeux, elle périt ou dans les misères de l'exil, ou en combattant les ennemis de la patrie et de la religion, ou sous le tranchant de la guillotine. Et alors le peuple français, ce peuple dont l'hypocrite pitié des fils de Voltaire déplorait la servitude, ce peuple qu'on supposait impatient d'écharper les nobles et les prêtres, ce peuple se leva en effet, mais contre les libérateurs sanguinaires qui, au nom des droits de l'homme, lui enlevaient ses prêtres et ses pères. Car il importe de ne pas l'oublier, les révolutionnaires ont bien pu asservir le peuple durant quelques instants, ils ont pu le surprendre; mais il n'ont pu l'associer à leurs forfaits. Pour se donner des complices il leur fallut ouvrir les prisons et les bagnes et faire appel à l'écume des cités.

On put dès lors prévoir ce que ferait la France quand, affranchie du joug de la Révolution, elle serait libre enfin de se manifester... Mais n'anticipons point.

La Révolution annulait, autant du moins qu'elle le pouvait, tout ce qu'il y avait de grand. Issue d'une jalousie haineuse contre toute supériorité, fondée sur l'utopie d'une égalité chimérique, faite par des hommes qui, incapables de s'élever au-dessus du vulgaire, n'avaient d'intelligence et d'énergie que pour le crime, la Révolution abattit tout ce qui dépassait le niveau de la populace. Sacerdoce et églises, noblesse et châteaux, science et arts, génie et vertu, rien de tout ce qu'elle put atteindre n'échappa au vandalisme.

La froide et fausse philosophie de l'école de Voltaire dominait, le calcul remplaçait la poésie, l'étude de la matière suppléait l'étude de l'âme et de Dieu.

Cependant ce fut alors qu'un poëte en prose osa célébrer le génie du christianisme. Une ère nouvelle s'ouvrait pour la littérature. Le jansénisme de Boileau, par un respect exagéré, avait interdit au poëte les inspirations de la Bible et de la foi, et ce ne fut que trop tard, lorsque Racine eut donné *Esther et Athalie*, que le législateur du Parnasse comprit et reconnut la vraie source de la poésie. Le *Génie du Christianisme* de Chateaubriand fut pour les artistes une révélation. Enfin les dieux et les héros de la mythologie firent place à Dieu, à ses anges, à ses saints, et les grandeurs de la Grèce et de Rome se retirèrent devant nos gloires nationales et chrétiennes.

Malheureusement nos deux poëtes se fourvoyèrent. Lamartine rêva, et les cordes détendues de sa lyre, ne donnèrent qu'une harmonie vague et plaintive.

Hugo, qui aurait pu rappeler Corneille, se roula dans le sang et dans la fange; et, prenant le laid idéal pour le beau, bientôt il ne vit et il n'exprima que le monstrueux. La France attend encore son poëte national.

L'Allemagne est plus à plaindre. C'est en ce siècle enfin qu'ont paru ses poëtes. Quel génie! mais quelle inspiration! Schiller dénature l'histoire. Sa muse protestante ne comprend aucune des gloires catholiques. Gœthe, dans son *Faust*, se fait l'écho poétique de l'idéalisme égoïste et panthéiste des Kant, des Fichte, des Schelling et des Hégel dont Cousin sera l'écho français, tandis que, formé à l'école du sauvage Rousseau, l'infortuné Lamennais, après avoir étonné le monde par les hardiesses et les exagérations de son *Essai sur l'indifférence en matière de religion*, se laisse entraîner par la haine de la raison à l'abîme où d'autres ont été précipités par la haine de la foi, au panthéisme, au culte du Dieu-Tout, ou plutôt à l'égoïsme, au culte du moi, au culte de la raison même identifiée au monde et à Dieu.

Toutefois, pour l'honneur de notre époque et pour celui de la philosophie, hâtons-nous de protester contre la naïveté de ces hommes, disciples les uns de Lamennais, les autres de Cousin, qui s'imaginent qu'entre la philosophie et la théologie, entre la raison naturelle et la tradition catholique, il existe une opposition nécessaire. Si, pour avoir méprisé la surveillance de l'Église, quelques intelligences se sont perdues dans le Dieu-Tout et dans le Dieu-Néant, la philosophie, par l'organe des Bonald, des Joseph de Maistre, des Balmès et des Donoso Cortès, s'est replacée à la tête des sciences, et ne le cède qu'à la théologie, toujours reine dans les sphères intellectuelles, soit qu'elle emprunte les accents oratoires des Frayssinous, des Mac-Carthy, des Lacordaire, des Ravignan et des Félix, soit qu'elle se défende et s'affirme par la plume des Wiseman, des Newman, des Faber, des Manning, des Dupanloup, des Parisis, des Pie, des Plantier, des Guéranger, des Freppel, soit qu'enfin du haut de la chaire infaillible, elle foudroie, l'une après l'autre, toutes les erreurs, toutes les maximes du naturalisme et de la révolution.

Non, ne faites pas à notre époque l'injure de n'y voir que le progrès des sciences physiques et des arts industriels. Si la vapeur défie la tempête et dépasse les coursiers les plus rapides, si le gaz change nos nuits en jours, si la foudre se fait la messagère de nos pensées, si le soleil remplace Apelles et Zeuxis, si les Laplace, les Cuvier, les Ampère, les Cauchy, les Biot, les Arago, les Herschell, les Leverrier dérobent à la nature et au calcul leurs plus intimes secrets, l'art aussi a ses représentants et ses échos. Boieldieu, Auber, Meyerbeer, Rossini, Gounod, dans la musique; Canova, David, dans la sculpture; Ingres, Flandrin, Overbeck, dans la peinture; méprisant le réalisme

grossier qui ne se complaît que dans la représentation
du vice et du hideux, ont su s'élever à l'idéal, et ils
ont eu le courage de l'exprimer.

Toutefois l'architecture, qui jamais ne fit défaut
aux grands siècles, manque encore à celui-ci. On res-
taure, on copie ; mais, en fait de créations, on ne
nous offre que des gares et des casernes.

Nous sommes aussi forcé de convenir que le vulgaire, c'est-à-dire le grand nombre, ne se préoccupe
que des intérêts matériels et des jouissances sen-
suelles. Si l'industrie enrichit quelques spéculateurs
habiles, heureux (d'autres disent frauduleux), il faut
bien avouer que, dans les pays où elle domine, elle
multiplie les pauvres et les esclaves. On ne peut pas
dissimuler que le parvenu contemporain a remplacé
le servage du moyen âge par le paupérisme ; on sait
que si jadis le château et la commune abusèrent parfois de leur épée, aujourd'hui la haute industrie et la
haute finance font, l'une de son usine et l'autre de son
or, un abus cent fois plus cruel et cent fois plus funeste. On sait que la morale de l'intérêt et la morale
du plaisir ont succédé, dans certains pays et dans certaines classes, à la morale de l'honneur et de la fidélité,
et qu'aux yeux de certaines personnes l'aristocratie
d'argent remplace l'aristocratie de l'honneur et du
dévouement.

On sait tout cela ; mais ce qu'on sait aussi, c'est
qu'en dépit des entraves, la charité libre s'élève au-
dessus de l'égoïsme omnipotent : on sait qu'il serait
difficile, impossible même de compter seulement les
associations que le zèle sacerdotal, religieux et laïque

multiplie sans cesse pour contrebalancer les prodigieux efforts de la Révolution et des sociétés secrètes : conférences de Saint-Vincent-de-Paul, œuvres de Saint-François-Xavier, de la Sainte-Famille, de Saint-François-Régis, de la Propagation de la Foi, de la Sainte-Enfance, de Saint-François-de-Sales, du Denier de Saint-Pierre, et autres sans nombre, en France, en Italie, en Espagne, en Allemagne, en Angleterre, en Amérique, partout, en un mot, où se retrouve l'esprit catholique.

L'action nous amène à l'histoire qui la raconte et à l'éloquence politique qui la détermine.

L'histoire s'est changée en une vaste conspiration contre la vérité. Personne ne le conteste. Des écrivains de talent, mais voués par leur origine au culte de la Révolution, n'ont vu dans les annales des peuples chrétiens qu'une longue lutte entre le principe d'autorité et les efforts de la liberté dont, à les entendre, la Révolution, commencée à Luther et terminée par la Déclaration des droits de l'homme, serait le triomphe définitif.

La tribune politique s'est fait l'écho de ce mensonge. Mais les Guizot et les Thiers ont rencontré les Berryer et les Montalembert. De même au début de l'ère triomphale de la Révolution, lorsqu'à la voix tonnante du fougueux Mirabeau, toute passion frémissait, toute vertu pâlissait, on avait vu se lever l'indomptable Maury, qui depuis..... Mais pour ne pas fléchir sous le regard hautain de l'homme qui flagellait les rois, il fallait un saint.

Le saint se rencontra, et si, un instant, il hésita,

l'agneau se releva, et, dans sa faiblesse, il fut plus fort que le lion, et, dans sa simplicité, il fut plus sage que le renard. L'honneur et la liberté de l'Église triomphèrent encore dans la personne de Pie VII. Qu'on excuse cette redite.

Puisque l'histoire nous fait traverser les régions de l'éloquence politique, il nous sera permis de saluer en passant les maîtres de la tribune anglaise, les Pitt, les Fox, les Burke, les Canning. Et qui nous pardonnerait d'oublier celui qui fut par excellence l'orateur populaire, l'orateur de la vraie liberté, le défenseur du droit et de la foi contre les violences de l'hérésie, le Démosthène, je dirais presque le Moïse de l'Irlande : vous avez nommé O'Connell ?

Le droit ramène encore à l'histoire et rappelle une justice rendue par notre siècle à une époque méprisée par celle de Voltaire. Il fallut du courage, au sortir de la révolution de 89, pour écrire, comme l'a fait Michaud, l'*Histoire des Croisades*, et pour démontrer par les faits l'héroïsme des âges de foi. Après cela Montalembert put écrire la *Vie de sainte Élisabeth*, en attendant qu'il lui fût donné de justifier l'ensemble même du moyen âge : ce qu'il a fait dans son *Histoire des moines d'Occident*.

Cependant, reprenant l'histoire de l'Église et de l'empire, à l'origine de la lutte entre la force politique et la force catholique, les Laurentie, les de Champagny, assuraient le triomphe de la vérité sur la conspiration du mensonge.

Oh ! qui écrira l'histoire de l'époque présente ! Que d'événements, que de personnages entre l'Assemblée de 1789 et le Concile œcuménique de 1869! Quel contraste entre l'abîme et le sommet! Quelle ascension de Robespierre à Pie IX! Donnez à l'historien d'une si singulière époque un double burin. Donnez-lui le burin de Tacite pour flétrir des noms et des choses que Rome, sous Néron même, ne connut pas; donnez-lui le burin de Tite-Live pour célébrer la magnificence des faits accomplis par le saint dont la douce majesté, dont la souriante audace domine les impuissantes rages de la Révolution frémissante. On disait la foi éteinte, et Pie IX rétablit la sainte hiérarchie dans l'hérétique Angleterre; et la France révolutionnaire, la France qui venait de renverser le trône pour la quatrième fois en soixante ans, la France se retrouva très-chrétienne et invincible pour rétablir le Pape à Rome, et Pie IX proclama le dogme de l'Immaculée Conception. On se rappelle avec quelle allégresse l'univers célébra ce triomphe de Marie. Or ce n'était que le signal d'une série de triomphes pour l'Église et pour Pie IX. On disait ce vieillard abandonné. Il fit un signe, et de jeunes héros se croisèrent pour défendre le Père universel. Castelfidardo les vit écrasés par le nombre et par la trahison, comme les trois cents Spartiates aux Thermopyles, mais Mentana les revit, et cette fois ils triomphèrent et du nombre et de la perfidie.

La France très-chrétienne était encore là, elle y était parce qu'elle voulait y être.

La force avait prétendu imposer des conseils à celui qui a reçu d'en haut la mission de faire la leçon aux peuples et aux rois; et la Révolution avec son

sourire sardonique, lui disait du haut d'une tribune :
« De la sagesse, Saint-Père ! » et le vieillard répondit
par la condamnation solennelle de la sagesse de cette
même Révolution qui déjà se flattait d'avoir soumis
toutes les intelligences à ses principes et toutes les
libertés à ses droits. (*Syllabus.*)

On plaignit alors le vieillard. Même parmi les fidè-
les, on trembla, on hésita. « Cette fois, murmurait-
on, Pie IX restera seul ! » Et Pie IX dit un mot. Ce
mot n'était pas un ordre, ce n'était qu'un désir.

Et voici que ce vieillard isolé se trouve une seconde
fois entouré de tous ses frères dans l'épiscopat. Sur
un troisième appel l'empressement est plus étonnant
encore. Comment expliquer la force, la puissance,
l'empire de ce prêtre, qui seul commande et seul est
obéi dans un siècle où les rois obéissent, où les ministres commandent ? Raisonnez, philosophes ; devinez,
politiques. Pour vous, Pie IX est une énigme. Pour
nous, rien de plus simple. Pie IX est le vicaire de
Jésus-Christ, et Pie IX a mis sa confiance et sa force
en Jésus-Christ, et en Jésus-Christ seul ; et seul en
ce siècle il est le roc.

Si donc le plus grand siècle est celui où l'empire de
Jésus-Christ apparaît dans sa plus grande force et
dans son plus vif éclat, je l'affirme, il n'en fut pas de
plus grand que le nôtre. Il y a dix-huit siècles et demi,
Jésus disait : « Tu es Pierre, et sur cette pierre je
bâtirai mon Eglise. » Jamais cette parole ne reçut un
accomplissement aussi littéral. Jamais l'Eglise ne re-
posa plus uniquement sur Pierre. Où sont les peuples,
où sont les rois qui aujourd'hui veuillent ou puissent

la soutenir ? Jésus avait ajouté : « Et les portes de
l'enfer ne prévaudront pas. » Jamais les portes infernales ne s'étaient ouvertes aussi larges contre l'Eglise
et surtout contre Pierre. On dirait que cette fois tous
les feux de l'empire souterrain se sont élancés ensemble pour faire sauter le roc sur lequel repose l'é-
difice sacré. Au début de l'époque, ce sont coup sur
coup deux pontifes, Pie VI, puis Pie VII, dont le trône
volait en éclats ; aujourd'hui, c'est Pie IX dont le
siége, comme le soleil, ne repose sur rien, si ce n'est
sur lui-même ; tandis que sur Pie IX, et sur lui seul,
repose l'Eglise entière. Oui, elle effacera toutes les
autres, cette époque qui, s'ouvrant par la déclaration
des droits de l'homme, se fermera sous peu par la
solennelle déclaration des droits de Dieu ; elle sera
grande, cette ère que nous appelons l'ère de la Révolution, et qui ne sera connue de nos arrière-neveux
que sous le nom doux et radieux de SIÈCLE DE
PIE IX !

XI

La série des siècles se présente comme une chaîne
de montagnes toujours plus hautes et plus hardies,
mais toujours aussi séparées par des abîmes de plus en
plus profonds. Résumons encore s'il se peut, et signa-
lons seulement les hauteurs.

Et d'abord pour ce qui concerne les grands hommes de l'Ancien Testament, leur action immédiate se
borne tantôt à un petit nombre d'hommes, à une
seule famille : tels Adam, Noé, Abraham ; tantôt à

un seul peuple dont l'influence ne s'étendra sur le monde entier que par Jésus-Christ et par son Église : tels Moïse, David, Salomon, les Prophètes.

Les gigantesques empires de Sémiramis, de Nabuchodonosor, de Cyrus ne sont que l'escabeau de celui d'Alexandre ; et alors seulement l'idée de l'*Iliade* et de l'*Odyssée* d'Homère se trouve réalisée.

La sagesse et la puissance humaine, la science et l'art, la législation, la politique et la guerre n'atteignent leur apogée que dans la période qui s'écoule entre Miltiade et Alexandre. A cet instant solennel on voit ensemble tous les genres de grandeur. Un seul manque, le principal, l'élément religieux. Aussi cette époque sera dépassée par d'autres grands siècles.

Annibal est aussi grand que César. Les Scipions, soit le premier, soit le second, ne sont inférieurs à ces deux hommes ni par le génie, ni par le caractère. L'un et l'autre leur sont supérieurs par la vertu, j'entends la vertu naturelle, la vertu romaine, dont ils offrent le type le plus accompli. Mais à ce moment Rome n'est pas la maîtresse du monde, son influence est bornée. Rome alors ne brille que par la guerre. Le côté intellectuel est encore dans l'ombre. Ses orateurs, ses poètes, ses historiens n'arrivent à la perfection qu'à l'époque de César et d'Auguste.

Même à cet instant, sous le rapport artistique, littéraire et philosophique, Rome reste inférieure à la Grèce. Elle n'a pas d'artistes, pas de Phidias, pas d'Apelles. Ses poëtes, ses historiens, ses orateurs ne l'emportent pas sur ceux des Grecs. Son philosophe, Cicéron, n'est qu'un interprète intelligent des philosophes de la Grèce. Ses exploits guerriers ne dépassent même pas ceux d'Athènes et de Sparte, ni surtout ceux d'Alexandre.

Rome païenne n'efface la Grèce que par la constance de sa politique, et par le talent qu'elle a eu de s'assimiler les peuples conquis en leur imposant sa loi et son droit. Le poëte romain l'a reconnu en présence d'Auguste même :

> Excudent alii spirantia mollius æra :
> Credo equidem, vivis ducent de marmore vultus :
> Orabunt causas melius : cœlique meatus
> Describent radio, et surgentia sidera dicent.
> Tu regere imperio populos, Romane, memento
> (Hæ tibi erunt artes) pacisque imponere morem,
> Parcere subjectis et debellare superbos.

ÉNÉIDE, vi. 866.

Le droit romain, épuré par le christianisme, deviendra le code de la chrétienté. A ce point de vue, Rome gouverne encore le monde civilisé, de même que, sous le rapport philosophique, la Grèce gouverne encore les intelligences par son Platon et son Aristote, épurés, eux aussi, le premier par l'Aigle d'Hippone, le second par l'Ange de l'école.

Mais ce qui assure au siècle d'Auguste et à Rome elle-même la prééminence sur le temps et sur le pays d'Alexandre, c'est le grand fait de cette époque, c'est l'avénement du Sauveur, l'incarnation du Verbe, la naissance, la passion, la mort et la résurrection de

Jésus-Christ ; c'est l'établissement de l'Eglise, et Rome devenant, par le martyre de saint Pierre, le siége de celui qui représente le Roi de tous les siècles et de tous les peuples, la capitale religieuse du monde, la Ville éternelle.

Cependant ce ne sera qu'après trois siècles de lutte entre les Césars et les martyrs que l'action de Jésus-Christ et de son Eglise deviendra universelle et triomphante. Donc la période de Constantin à Léon le Grand s'offre avec un caractère nouveau. Alors on voit le triomphe de la croix sur la civilisation païenne qui expire dans la personne du César sophiste Julien ; le triomphe de la majesté chrétienne sur la force barbare qui avec Attila recule devant Léon le Grand ; le triomphe de la foi qui, s'emparant du génie humain, l'élève dans les régions de la science au-dessus des Platon et des Aristote, dans celles de l'art au-dessus des Démosthène et des Cicéron, puis de cette hauteur foudroie toutes les audaces et tous les artifices du sophisme et de l'hérésie.

Au siècle des Athanase et des Léon le Grand l'Eglise a triomphé, Jésus-Christ a vaincu, *Christus vincit ;* il ne règne pas encore. La formule ne sera complète que sous Charlemagne. Alors seulement il sera permis de dire que, par cet homme fort et grand, Jésus-Christ triomphe, Jésus-Christ règne, Jésus-Christ commande : *Christus vincit, Christus regnat, Christus imperat.*

Charlemagne efface tous les rois qui l'ont précédé. Pas un de ceux qui ont paru depuis n'atteint sa hauteur, pas même saint Louis, pas même Louis XIV.

Mais Charles est le seul grand homme de son temps. Haroun-al-Raschid ne saurait lui tenir compagnie. Charles n'en est que plus grand, direz-vous ? Je le veux. Et même il est d'autant plus grand, que, à cette époque, tout est à refaire, tout est à créer. La civilisation corrompue de l'empire, l'invasion barbare, les conquêtes de Mahomet et du Coran se sont coalisées sous l'influence infernale pour étouffer l'Évangile et pour abolir l'Église. Ce n'est pas trop d'un grand moine, saint Benoît, d'un grand Pape, saint Grégoire, et enfin d'un grand roi, Charlemagne, pour poser sur les débris du passé les assises d'une société nouvelle qui sera la société chrétienne.

Mais pour revoir un grand siècle, attendez que les sciences, les arts, les langues même, aient eu le temps de ressusciter. Les invasions d'ailleurs ne sont pas terminées. Voici que les Normands demandent, non sans quelque violence, à entrer dans le mouvement. Laissez-les venir, laissez-les se poser. Ne redoutez rien pour le progrès. S'ils l'arrêtent un instant, ce n'est que pour lui imprimer bientôt un élan nouveau. Vous les retrouverez, devenus Français, à Rome pour y délivrer le Vicaire de Jésus-Christ, à Jérusalem pour y délivrer le tombeau de Jésus-Christ ; en Angleterre, où, à leur appel, Lanfranc et saint Anselme, sortis de la Normandie française, donnent le branle au mouvement sublime de la philosophie et de la théologie qui couronnera le moyen âge.

Quelle période que celle où se rencontrent simultanément les deux plus grandes luttes qui se soient jamais engagées sur la terre, soutenues de part et d'autre par des hommes comme il s'en trouve rarement !

Lutte entre le sacerdoce et l'Empire, entre l'Église et la politique, entre l'indépendance et la liberté chrétienne d'une part et le despotisme humain d'autre part. Jamais, ni avant ni après, on ne vit se succéder aussi rapidement tant et de si puissants rois contre l'Eglise, jamais non plus tant et de si grands Papes, auxquels il faut ajouter et les grands Evêques qui se remplacent sur le siége de Cantorbéry, et les grands et saints rois qui élèvent si haut la gloire du trône très-chrétien de France et du trône catholique d'Espagne.

Lutte contre la barbarie plus ou moins civilisée de Mahomet : Mahomet le plus redoutable adversaire que l'enfer eût jusque là soulevé contre le christianisme et contre l'humanité même. Or à ce moment, apparaissent les plus formidables sultans. Qu'on se rappelle seulement Saladin. Inutile de redire les noms des héros des croisades. La chrétienté tout entière s'est rangée en bataille contre l'invasion musulmane. La France, l'Angleterre, l'Allemagne, l'Italie se sont croisées ; l'Espagne poursuit la lutte avec un héroïsme toujours grandissant ; la Pologne et la Hongrie sont le boulevard de l'Europe chrétienne contre les successeurs de Genghiskan.

Les Ordres religieux se multiplient, ici pour la défense armée des chrétiens, là pour la délivrance des captifs, plus loin pour l'instruction et pour la sanctification des âmes.

Alors, enfin, le génie de la science, et de la plus haute des sciences dans l'ordre naturel, le génie de la philosophie, le génie de la science surnaturelle ou de la théologie, s'élèvent l'un et l'autre à leur apogée dans la *Somme* de l'Ange de l'Ecole. Pour trouver à qui le comparer, il faut reculer jusqu'au grand Augustin, ou attendre l'apparition de Bossuet, supérieur par le style, mais inférieur comme théologien et comme philosophe.

Les arts se résument tous, à cette époque, dans celui qui les comprend tous et qui les dépasse, dans l'architecture dont les monuments sont encore là, debout défiant le dix-neuvième siècle qui s'estime trop heureux quand il parvient à restaurer ou à copier imparfaitement quelqu'une de ces merveilles.

Enfin, si les douzième et treizième siècles offrent les types du héros dans les chefs des croisades, ils présentent aussi l'idéal du grand Pape dans saint Grégoire VII et du roi très-chrétien dans saint Louis. Charlemagne est plus grand comme roi ; mais comme particulier il ne fut pas toujours sans reproche. Louis IX, et comme roi, et comme particulier, est le saint. Comme roi, il est le plus sage des législateurs ; comme guerrier, il est le plus intrépide et le plus fier des héros ; mais dans les fers et sous le coup du malheur, il est le croisé par excellence, il rappelle Jésus en croix.

Il faut convenir que de saint Louis à Isabelle il y a un temps d'arrêt, il y a même décadence, et une décadence que la *Divine Comédie* de Dante peut bien constater mais non relever. Boniface est le seul pape qui, durant cette période, se montre avec le cachet de la grandeur.

Jeanne d'Arc est un prodige. Il fallut ce miracle pour

sauver le royaume très-chrétien, tant les grands hommes, depuis du Guesclin, étaient devenus rares ! Tamerlan n'est qu'une contrefaçon de Genghiskan. Mahomet II appartient déjà à la Renaissance sur laquelle il influe à la manière des barbares, c'est-à-dire en refoulant sur l'Occident ce qui restait de civilisation en Orient.

L'époque de Léon X fut donc, relativement au siècle qui la précède, une réelle renaissance. Qu'il est beau, l'élan de l'Eglise et des peuples chrétiens franchissant alors, dans toutes les sphères, les limites de tous les horizons connus, pour étendre partout et dans tous les sens l'empire de Jésus-Christ !

Non, quoi qu'aient pu dire certains esprits chagrins, la Renaissance ne fut pas antichrétienne, elle ne fut point païenne, elle ne fut pas une rupture violente avec les âges de foi. La rupture, ce fut Philippe-le-Bel qui l'essaya ; la rupture, ce fut le grand schisme d'Occident qui faillit l'opérer ; la rupture, ce furent certains scolastiques dégénérés du quatorzième siècle et les hérétiques du quinzième qui la poursuivirent, mais en vain. La Renaissance fut catholique : car elle ne fut ni allemande, ni anglaise ; elle fut italienne, espagnole, française et surtout romaine. L'Allemagne et l'Angleterre ne savent alors que *protester*. Elles ne sont pour rien dans la renaissance des arts. Où sont les monuments de la peinture, de la sculpture, de l'architecture, de la musique ou de la poésie protestante ? A l'éloquence frénétique de Luther, à l'élégance forcée du latin de Calvin, les catholiques d'alors ont cent orateurs, cent latinistes supérieurs à opposer.

Avouons, cependant, que si les *enfants* du seizième siècle sont plus gracieux, plus polis, comme il convient à une renaissance, les *hommes* du treizième, plus rudes, il est vrai, sont aussi plus solides, plus généreux, plus héroïques et plus grands. — Il y a, entre le seizième et le treizième, une différence analogue à celle qui sépare l'élégant et le sublime.

Tout, d'ailleurs, à cette époque, est à réformer, tout, sauf l'Eglise. Langue, style, poésie, philosophie, politique, et surtout les mœurs. Deux siècles de chaos ont suffi pour tout brouiller. Mais attendez : voici Louis XIV avec ses guerriers, ses ministres, ses philosophes, ses poëtes, ses orateurs, ses artistes, son Bossuet surtout, génie complet, de même que l'Allemand Leibnitz sera le plus universel qui ait paru depuis Aristote.

Louis XIV cependant n'est pas saint Louis. Pas un des Papes de ce temps n'approche des Grégoire VII ou des Innocent III. Si la théologie de Bossuet, si la philosophie de Leibnitz, ou plutôt si la théologie et la philosophie de l'un et de l'autre (car Bossuet fut philosophe, et Leibnitz a esquissé un plan de théologie) si, dis-je, leur théologie et leur philosophie se rattachent, par leurs traits principaux, à la théologie et à la philosophie de l'Ange de l'Ecole, elles n'en ont ni la solidité, ni la plénitude, ni l'élévation. Corneille n'est pas le Dante. La France s'allie avec les protestants ; elle ne combat plus les Turcs. L'abaissement excessif de la noblesse féodale, commencé par Louis XI, consommé par Richelieu, donne au roi un pouvoir absolu, mais il l'amène en face du peuple et prépare ces oscillations redoutables qui, faute d'une force mitoyenne entre l'élément démocratique et l'élément monarchique, deviendront bientôt la condition habituelle des rois et des peuples, se renversant et se relevant tour à tour sans qu'il soit possible de prévoir, quand et comment l'équilibre se fera.

Après Louis XIV un Louis XV, après Bossuet un Voltaire, après le grand siècle un abîme. Prêtres et rois, Église et nation, tout sombre dans une mer de sang. Si, comme on l'a dit, la hauteur de la cime répond à la profondeur de la vallée, quel avenir ne promet pas le début de notre siècle ! Mais, sortis à peine du gouffre où se sont englouties toutes les grandeurs et toutes les libertés, luttant encore contre les flots de la tempête, s'il nous est permis de compter sur le triomphe, avouons que l'heure n'est pas venue de le chanter. Jusqu'ici les hommes d'un génie et d'un caractère supérieur sont rares; le talent est plus commun.

Les observations en physique et les expériences se multiplient. Mais où est la science? Nos savants se plaisent eux-mêmes à redire qu'ils se bornent à constater les faits. Soit : attendons encore un Képler et un Newton. Où sont, dans les arts, les Michel-Ange et les Raphaël? Où sont les architectes des églises, des châteaux et des hôtels-Dieu du moyen âge? Les gares et les théâtres ont remplacé tout cela. On dit que nos arrière-neveux chercheront encore l'idéal de l'éloquence dans Démosthène, dans Cicéron, dans Chrysostome, dans Bourdaloue et dans Bossuet, et que nos orateurs les plus vantés ont tellement pris, pour la forme et pour le fond, le cachet de l'époque présente, qu'ils ne pourront pas servir de type universel. On se montre plus sévère encore à l'égard de nos poëtes, et l'on pense que l'ingratitude des contemporains à leur égard sera surpassée par celle de nos successeurs. Nos histoires les plus célèbres sont à refaire, dit-on.

Nos théologiens les plus profonds s'estiment heureux quand ils peuvent obtenir de leurs disciples l'intelligence des questions qui, dans la *Somme* de saint Thomas, figurent parmi les éléments !

La philosophie attend la liberté pour se dégager d'un programme qui la réduit à n'être qu'une simple histoire des opinions vraies ou fausses énoncées jusqu'ici, ou qui en fait une série aussi stérile que fastidieuse d'expériences et d'observations.

Enfin chacun pense et dit que, pour se relever, les études attendent qu'on ait supprimé l'obligation de savoir tout à dix-huit ans.

Les guerriers de génie et de valeur voient avec douleur l'art militaire menacé d'être réduit à un problème de chimie et de mécanique. La victoire appartiendrait à celui qui aurait découvert la poudre la plus fulminante et les instruments les plus rapides. La force, l'adresse, la valeur personnelle tendent chaque jour à disparaître.

Où est donc la grandeur de notre époque ? L'ordre moral compenserait-il le déficit intellectuel ? Hélas ! on le sait, le niveau moral baisse de plus en plus. La probité, la bonne foi, l'honneur ne sont plus que des mots dans le commerce, et l'on dit qu'en politique Machiavel ne fut qu'un novice encore timide.

Et cependant il se prépare quelque chose de grand. Deux camps se dessinent, deux drapeaux s'agitent; peu à peu les hommes se déclarent. Un choc immense s'apprête, et la France, toujours, quoi qu'on dise, fille aînée de l'Eglise, y doit jouer son rôle. Quelle que soit la multiplicité apparente des partis, deux seulement sont en présence : l'Eglise et la Révolution. La Révolution a dit : 89, c'est la France; l'Eglise a dit : La France, c'est saint Louis. La guerre est entre les prétendus droits de l'homme et les droits de Dieu. Il s'agit de savoir qui doit régner sur terre, Dieu ou l'homme, Jésus-Christ représenté par son Vicaire, par le Pape, ou Lucifer représenté par Voltaire, Robespierre et d'autres fils trop légitimes et trop conséquents de 89.

Déjà l'éclair a brillé; Rome a parlé. Toutes les portes de l'enfer en ont été ébranlées. Encore un peu, et ces hommes à double face qui ont deux grains d'encens, un pour l'Eglise et l'autre pour la Révolution, seront forcés de choisir et de laisser le champ libre pour le combat. Alors le triomphe de la vérité sur l'erreur, de la lumière sur la nuit, sera aussi prompt que certain, et l'on verra ce qui jamais ne s'est vu dans le monde.

Comme autrefois Israël, empruntant à l'Egypte tout ce qu'elle possède de précieux, tous les résultats de ses travaux, de son industrie, de ses inventions, le génie catholique étonnera les siècles par l'unité du temple nouveau qu'il saura élever à Dieu, dans l'accord de toutes les sciences et dans l'union de tous les arts enfin transformés.

Et le concert des sciences et des arts ne sera qu'une image de l'harmonie des esprits et des cœurs réunis sous la parole infaillible du roi des âmes, du Vicaire de Jésus-Christ.

Élancez-vous donc sur vos routes de fer, élancez-vous sur les flots de la tempête, chars et navires de feu : les apôtres, les envoyés du Roi des peuples vous attendent pour parcourir la terre, et pour annoncer une dernière fois dans toutes les langues la bonne, la grande nouvelle. Il faut qu'avant son retour solennel sur les nues, Jésus-Christ triomphe ici-bas par son Église ; il faut que la prédiction du prophète s'accomplisse : Toute nation, tout royaume qui refusera de te servir, périra : *Gens et regnum quod non servierit tibi, peribit.*

Déjà les peuples infidèles, les peuples hérétiques, les peuples schismatiques, les peuples sans religion, se heurtent les uns contre les autres, et vont se briser les uns par les autres. Les nations opprimées, les nations partagées, les nations catholiques reprendront leur existence et leur place, et leur place est au premier rang.

Le commencement de cette époque, la date à jamais fameuse de 89, fut le signal d'un triomphe sanglant de l'enfer sur l'Église. Le dénouement sera le triomphe pacifique, le triomphe social de l'Église sur l'idée et sur la liberté infernales. Cette époque se fermera par une date, à cette date s'attachera un nom, le nom contre lequel frémissent toutes les colères de la Révolution, le nom de PIE IX.

TABLE

LES GRANDS SIÈCLES ET LES GRANDS HOMMES

« A *Notre cher Fils*, MARIN DE BOYLESVE, *Religieux de la Compagnie de Jésus, professeur de philosophie au collége de l'Immaculée-Conception, à Vaugirard, Paris.*

« PIE PP. IX.

« Cher fils, Salut et Bénédiction Apostolique.

« Nous avons reçu dernièrement votre très-respectueuse lettre, datée du 22 avril dernier, par laquelle vous nous présentez l'hommage de trois livres composés par vous en français, et publiés sous les titres de *Triomphe de la Foi, l'Eglise et le Pape, les Luttes de L'Eglise*. Bien que les occupations et les sollicitudes si graves de Notre Souverain-Pontificat, qui ne nous laissent aucun instant de loisir, ne nous aient pas encore permis de prendre connaissance de vos ouvrages, Nous avons cependant accueilli avec le plus grand plaisir votre lettre et votre présent, et ce n'est pas sans une vive satisfaction que nous apprenons, cher fils, que vous consacrez tout votre zèle et tous vos travaux à défendre la cause de l'Eglise catholique et sa doctrine salutaire. En ces temps surtout, où l'iniquité et l'erreur débordent de toutes parts, Nous vous encourageons à ne pas cesser, avec l'aide du secours divin, d'employer toutes les forces de votre intelligence à procurer la plus grande gloire de Dieu et de sa sainte Eglise. Mais, en même temps que Nous vous remercions de votre hommage, Nous nous faisons un plaisir, cher fils, de vous accorder, avec toute l'affection de notre cœur, notre bénédiction apostolique, comme un présage de tous les dons célestes et comme un gage de notre tendresse paternelle pour vous.

« Donné à Rome, près Saint - Pierre, le 16 juin de l'an 1864, la dix-huitième année de Notre Pontificat.

« PIUS P. P. IX. »

OUVRAGES DU MÊME AUTEUR

Principes de littérature : Style. — Poésie, in-12, 7ᵉ édition.

Principes de littérature, à l'usage des jeunes personnes, in-12, 2ᵉ édition.

Rhétorique, in-12, 4ᵉ édition.

Id. à l'usage des jeunes personnes, in-12.

Logique, in-12, 4ᵉ édition.

Cours de philosophie, in-12.

Plan d'études et de lecture, in-18, 2ᵉ édition.

Appel contre l'esprit du siècle, in-12.

COURS DE RELIGION

Guide à l'usage des catéchismes, in-18, 4ᵉ édition.

La Trinité, in-12, 2ᵉ édition.

La Création, in-12.

Triomphe de la foi, in-12.

Jésus-Christ d'après l'Ancien Testament, in-12.

L'Église et le Pape, in-12.

Luttes de l'Église, 2 vol. in-12.

Le règne de Jésus-Christ par les Papes, in-12.

Les grands Siècles et les grands Hommes, in-12.

Alpha et Oméga, in-32.

Quels sont les ennemis de la Religion ? in-32.

PIÉTÉ

Agenda du Chrétien, in-32.

Une pensée par jour. Méditations sur l'Évangile du Dimanche, in-32, 4ᵉ édition.

Dieu et Patrie. Le soldat chrétien, in-32, 5ᵉ édition.

Croisade du Sacré-Cœur de Jésus, in-32, 67ᵉ édition.

Manuel du Cœur agonisant, in-32, 2ᵉ édition.

Coup d'œil sur les Congrégations, broch. in-12.

Manuel des Congrégations de la Sainte-Vierge, in-32, 3ᵉ édition.

Cantiques des Congrégations, in-32, 2ᵉ édition.

Méditations sur la sainte Vierge pour tous les samedis, in-32.

Année de Marie, in-32, 2ᵉ édition.

Saint Joseph, in-32, 20ᵉ édition.

Saint Ignace, in-32, 5ᵉ édition.

Le B. Pierre Lefèvre, in-32, 4ᵉ édition.

THÉÂTRE BIBLIQUE ET CHRÉTIEN

Moïse, in-12.

La Fournaise, in-18, 3ᵉ édition.

Les Machabées, in-12, 3ᵉ édition.

Saint Louis, in-12, 4ᵉ édition.

Le même, avec la musique des chœurs, in-8.

Les deux Étendards, in-18, 2ᵉ édition.

Dialogues récréatifs et moraux, in-12.

FEUILLES VOLANTES

RELIGION ✠ ✠ PATRIE

Sous ce cri de guerre paraît une série continue de feuilles volantes propres à être distribuées dans les écoles, les patronages et par là dans les familles pour y faire pénétrer la religion et la vérité.

Les **Feuilles volantes** se vendent assorties ou au choix.

Le cent, 1 fr. ; *franco*, 1 fr. 25 ; le mille, 7 fr., *franco*, 8 fr. 50.

Paris, HATON, 35, rue Bonaparte. Le Mans, LEGUICHEUX-GALLIENNE, rue Marchande, 15.

Paris. — E. DE SOYE et FILS, imprimeurs, place du Panthéon, 5.

www.ingramcontent.com/pod-product-compliance
Lightning Source LLC
LaVergne TN
LVHW021032050726
842519LV00003B/834